蘇州全書

甲編

《蘇州全書》編纂出版委員會 編

·春秋三傳讞
·春秋攷
·石林先生春秋傳

蘇州大學出版社
古吳軒出版社

圖書在版編目（CIP）數據

春秋三傳讞；春秋攷；石林先生春秋傳 /（宋）葉夢得撰．-- 蘇州：蘇州大學出版社：古吳軒出版社，2024. 12. --（蘇州全書）. -- ISBN 978-7-5672-5065-9

Ⅰ. K225.04

中國國家版本館 CIP 數據核字第 2024HQ7109 號

責任編輯 劉 冉
裝幀設計 周 晨 李 璇
責任校對 穆宣臻

書　　名 春秋三傳讞 春秋攷 石林先生春秋傳
撰　　者 〔宋〕葉夢得
出版發行 蘇州大學出版社
地址：蘇州市十梓街1號　電話：0512-67480030
古吳軒出版社
地址：蘇州市八達街118號蘇州新聞大厦30F　電話：0512-65233679
印　　刷 常州市金壇古籍印刷廠有限公司
開　　本 889 × 1194　1/16
印　　張 190.25
版　　次 2024 年 12 月第 1 版
印　　次 2024 年 12 月第 1 次印刷
書　　號 ISBN 978-7-5672-5065-9
定　　價 1320.00 元（全五册）

《蘇州全書》編纂工程

總主編

劉小濤　吳慶文

學術顧問

（按姓名筆畫爲序）

王　芳　王　宏　王　堯　王　鍔　王紅蕾　王華寶　王爲松　王衛平
王餘光　王鍾陵　朱棟霖　朱誠如　任　平　全　勤　江慶柏　江澄波
汝　信　阮儀三　杜澤遜　李　捷　吳　格　吳永發　何建明　言恭達
沈坤榮　沈燮元　武秀成　范小青　范金民　茅家琦　周　秦　周少川
周國林　周勛初　周新國　胡可先　胡曉明　姜　濤　姜小青　韋　力
姚伯岳　馬亞中　袁行霈　華人德　莫礪鋒　徐　俊　徐　海　徐　雁
徐惠泉　徐興無　唐力行　陸振嶽　陸儉明　陳子善　陳正宏　陳尚君
陳紅彥　陳廣宏　黃愛平　黃顯功　崔之清　張乃格　張志清　張伯偉
張海鵬　葉繼元　葛劍雄　單霽翔　程章燦　程毅中　喬治忠　鄔書林
賀雲翱　詹福瑞　趙生群　廖可斌　熊月之　樊和平　劉　石　劉躍進
閻曉宏　錢小萍　戴　逸　韓天衡　嚴佐之　顧　薌

《蘇州全書》編纂出版委員會

前言

中華文明源遠流長，文獻典籍浩如烟海。這些世代累積傳承的文獻典籍，是中華民族生生不息的文脉和根基。蘇州作爲首批國家歷史文化名城，素有『人間天堂』之美譽。自古以來，這裏的人民憑藉勤勞和才智，創造了極爲豐厚的物質財富和精神文化財富，使蘇州不僅成爲令人嚮往的『魚米之鄉』，更是實至名歸的『文獻之邦』，爲中華文明的傳承和發展作出了重要貢獻。

蘇州被稱爲『文獻之邦』由來已久，早在南宋時期，就有『吳門文獻之邦』的記載。宋代朱熹云：『文，典籍也；獻，賢也。』蘇州文獻之邦的地位，是歷代先賢積學修養、劬勤著述的結果。明人歸有光《送王汝康會試序》云：『吳爲人材淵藪，文字之盛，甲於天下。』朱希周《長洲縣重修儒學記》亦云：『吳中素稱文獻之邦，蓋子游之遺風在焉，士之嚮學，固其所也。』《江蘇藝文志·蘇州卷》收録自先秦至民國蘇州作者一萬餘人，著述達三萬二千餘種，均占江蘇全省三分之一强。古往今來，蘇州曾引來無數文人墨客駐足流連，留下了大量與蘇州相關的文獻。時至今日，蘇州仍有約百萬册的古籍留存，入選『國家珍貴古籍名録』的善本已達三百一十九種，位居全國同類城市前列。其中的蘇州鄉邦文獻，歷宋元明清，涵經史子集，寫本刻本，交相輝映。此外，散見於海内外公私藏家的蘇州文獻更是不可勝數。它們載録了數千年傳統文化的精華，也見證了蘇州曾經作爲中國文化中心城市的輝煌。

蘇州文獻之盛得益於崇文重教的社會風尚。春秋時代，常熟人言偃就北上問學，成爲孔子唯一的南方弟子。歸來之後，言偃講學授道，文開吳會，道啓東南，被後人尊爲『南方夫子』。西漢時期，蘇州人朱買臣負薪讀書，穹窿山中至今留有其『讀書臺』遺迹。兩晉六朝，以『顧陸朱張』爲代表的吴郡四姓涌現出大批文士，在不少學科領域都貢獻卓著。及至隋唐，蘇州大儒輩出，《隋書·儒林傳》十四人入傳，其中籍貫吴郡者二人；《舊唐書·儒學傳》三十四人入正傳，其中籍貫吴郡（蘇州）者五人。文風之盛可見一斑。北宋時期，范仲淹在家鄉蘇州首創州學，並延名師胡瑗等人教授生徒，此後縣學、書院、社學、義學等不斷興建，蘇州文化教育日益發展。故明人徐有貞云：『論者謂吾蘇也，郡甲天下之郡，學甲天下之學，人才甲天下之人才，偉哉！』在科舉考試方面，蘇州以鼎甲萃集爲世人矚目，清初汪琬曾自豪地將狀元稱爲蘇州的土産之一，有清一代蘇州狀元多達二十六位，占全國的近四分之一，由此而被譽爲『狀元之鄉』。近現代以來，蘇州在全國較早開辦新學，發展現代教育，涌現出顧頡剛、葉聖陶、費孝通等一批大師巨匠。中華人民共和國成立後，社會主義文化教育事業蓬勃發展，蘇州英才輩出、人文昌盛，文獻著述之富更勝於前。

蘇州文獻之盛受益於藏書文化的發達。蘇州藏書之風舉世聞名，千百年來盛行不衰，具有傳承歷史長、收藏品質高、學術貢獻大的特點，無論是卷帙浩繁的圖書還是各具特色的藏書樓，以及延綿不絶的藏書傳統，都成爲中華文化重要的組成部分。據統計，蘇州歷代藏書家的總數，高居全國城市之首。南朝時期，蘇州就出現了藏書家陸澄，藏書多達萬餘卷。明清兩代，蘇州藏書鼎盛，絳雲樓、汲古閣、傳是樓、百宋一廛、藝芸書舍、鐵琴銅劍樓、過雲樓等藏書樓譽滿海内外，彙聚了大量的珍貴文獻，對古代典籍的收藏保護厥功至偉，亦於文獻校勘、整理裨益甚巨。《舊唐書》自宋至明四百多年間已難以考覓，直至明嘉靖十七年（一五三八），聞人詮在蘇州爲官，搜討舊籍，方從吴縣王延喆家得《舊唐書》『紀』和『志』部分，從長洲張汴家得《舊唐書》『列傳』部分，『遺籍俱出宋時模板，旬月之間，二美璧合』，于是在蘇州府學中槧刊，《舊唐書》自此得以彙而成帙，復行於世。清代嘉道年間，蘇州黃丕烈和顧廣圻均爲當時藏書名家，且善校書，『黃跋顧校』在中國文獻史上影響深遠。

蘇州文獻之盛也獲益於刻書業的繁榮。蘇州是我國刻書業的發祥地之一，早在宋代，蘇州的刻書業已經發展到了相當高的水平，至今流傳的杜甫、李白、韋應物等文學大家的詩文集均以宋代蘇州官刻本爲祖本。宋元之際，蘇州磧砂延聖院還主持刊刻了中國佛教史上著名的《磧砂藏》。明清時期，蘇州成爲全國的刻書中心，所刻典籍以精善享譽四海，明人胡應麟有言：『凡刻之地有三，吳也、越也、閩也。』他認爲『其精，吳爲最』，『其直重，吳爲最』。又云：『余所見當今刻本，蘇常爲上，金陵次之，杭又次之。』清人金埴論及刻書，仍以胡氏所言三地爲主，則謂『吳門爲上，西泠次之，白門爲下』。明代私家刻書最多的汲古閣、清代坊間刻書最多的掃葉山房均爲蘇州人創辦，晚清時期頗有影響的江蘇官書局也設於蘇州。據清人朱彝尊記述，汲古閣主人毛晉『力搜秘册，經史而外，百家九流，下至傳奇小説，廣爲鏤版，由是毛氏鋟本走天下』。由於書坊衆多，蘇州還産生了書坊業的行會組織崇德公所。明清時期，蘇州刻書數量龐大，品質最優，裝幀最爲精良，爲世所公認，國内其他地區不少刊本也都冠以『姑蘇原本』，其傳播遠及海外。

蘇州傳世文獻既積澱着深厚的歷史文化底蘊，又具有穿越時空的永恒魅力。從范仲淹的『先天下之憂而憂，後天下之樂而樂』，到顧炎武的『天下興亡，匹夫有責』，這種胸懷天下的家國情懷，早已成爲中華民族精神的重要組成部分，傳世留芳，激勵後人。南朝顧野王的《玉篇》，隋唐陸德明的《經典釋文》、陸淳的《春秋集傳纂例》等均以實證明辨著稱，對後世影響深遠。明清時期，馮夢龍的《喻世明言》《警世通言》《醒世恒言》，在中國文學史上掀起市民文學的熱潮，具有開創之功。吳有性的《温疫論》、葉桂的《温熱論》，開温病學研究之先河。蘇州文獻中蘊含的求真求實的嚴謹學風、勇開風氣之先的創新精神，已經成爲一種文化基因，融入了蘇州城市的血脉。不少蘇州文獻仍具有鮮明的現實意義。明代費信的《星槎勝覽》，是記載歷史上中國和海上絲綢之路相關國家交往的重要文獻。鄭若曾的《籌海圖編》和徐葆光的《中山傳信録》，爲釣魚島及其附屬島嶼屬於中國固有領土提供了有力證據。魏良輔的《南詞引正》、嚴澂的《松絃館琴譜》、計成的《園冶》，分别是崑曲、古琴及園林營造的標志性成果，這些藝術形式如今得以名列世界文化遺産，與上述名著的嘉惠滋養密不可分。

維桑與梓，必恭敬止；文獻流傳，後生之責。蘇州先賢向有重視鄉邦文獻整理保護的傳統。方志編修方面，范成大《吴郡志》爲方志創體，其後名志迭出，蘇州府縣志、鄉鎮志、山水志、寺觀志、人物志等數量龐大，構成相對完備的志書系統。地方總集方面，南宋鄭虎臣輯《吴都文粹》、明錢穀輯《吴都文粹續集》、清顧沅輯《吴郡文編》先後相繼，收羅宏富，皇皇可觀。常熟、太倉、崑山、吴江諸邑，周莊、支塘、木瀆、甪直、沙溪、平望、盛澤等鎮，均有地方總集之編。及至近現代，丁祖蔭彙輯《虞山叢刻》《虞陽説苑》，柳亞子等組織『吴江文獻保存會』，爲搜集鄉邦文獻不遺餘力。江蘇省立蘇州圖書館於一九三七年二月舉行的『吴中文獻展覽會』規模空前，展品達四千多件，並彙編出版吴中文獻叢書。然而，由於時代滄桑，圖書保藏不易，蘇州鄉邦文獻中『有目無書』者不在少數。同時，囿於多重因素，蘇州尚未開展過整體性、系統性的文獻整理編纂工作，許多文獻典籍仍處於塵封或散落狀態，没有得到應有的保護與利用，不免令人引以爲憾。

進入新時代，黨和國家大力推動中華優秀傳統文化的創造性轉化和創新性發展。習近平總書記强調，要讓收藏在博物館裏的文物、陳列在廣闊大地上的遺産、書寫在古籍裏的文字都活起來。二〇二二年四月，中共中央辦公廳、國務院辦公廳印發《關於推進新時代古籍工作的意見》，確定了新時代古籍工作的目標方向和主要任務，其中明確要求『加强傳世文獻系統性整理出版』。盛世修典，賡續文脉，蘇州文獻典籍整理編纂正逢其時。二〇二二年七月，中共蘇州市委、蘇州市人民政府作出編纂《蘇州全書》的重大決策，擬通過持續不斷努力，全面系統整理蘇州傳世典籍，着力開拓研究江南歷史文化，編纂出版大型文獻叢書，同步建設全文數據庫及共享平臺，將其打造爲彰顯蘇州優秀傳統文化精神的新陣地，傳承蘇州文明的新標識，展示蘇州形象的新窗口。

『睹喬木而思故家，考文獻而愛舊邦。』編纂出版《蘇州全書》，是蘇州前所未有的大規模文獻整理工程，是不負先賢、澤惠後世的文化盛事。希望藉此系統保存蘇州歷史記憶，讓散落在海内外的蘇州文獻得到挖掘利用，讓珍稀典籍化身千百，成爲認識和瞭解蘇州發展變遷的津梁，並使其中藴含的積極精神得到傳承弘揚。

觀照歷史，明鑒未來。我們沿着來自歷史的川流，承荷各方的期待，自應負起使命，砥礪前行，至誠奉獻，讓文化薪火代代相傳，並在守正創新中發揚光大，爲推進文化自信自强、豐富中國式現代化文化内涵貢獻蘇州力量。

《蘇州全書》編纂出版委員會

二〇二二年十二月

凡例

一、《蘇州全書》（以下簡稱『全書』）旨在全面系統收集整理和保護利用蘇州地方文獻典籍，傳播弘揚蘇州歷史文化，推動中華優秀傳統文化傳承發展。

二、全書收録文獻地域範圍依據蘇州市現有行政區劃，包含蘇州市各區及張家港市、常熟市、太倉市、崑山市。

三、全書着重收録歷代蘇州籍作者的代表性著述，同時適當收録流寓蘇州的人物著述，以及其他以蘇州爲研究對象的專門著述。

四、全書按收録文獻内容分甲、乙、丙三編。每編酌分細類，按類編排。

（一）甲編收録一九一一年及以前的著述。一九一二年至一九四九年間具有傳統裝幀形式的文獻，亦收入此編。按經、史、子、集四部分類編排。

（二）乙編收録一九一二年至二〇二一年間的著述。按哲學社會科學、自然科學、綜合三類編排。

（三）丙編收録就蘇州特定選題而研究編著的原創書籍。按專題研究、文獻輯編、書目整理三類編排。

五、全書出版形式分影印、排印兩種。甲編書籍全部采用繁體竪排；乙編影印類書籍，字體版式與原書一致；乙編排印類書籍和丙編書籍，均采用簡體横排。

六、全書影印文獻每種均撰寫提要或出版説明一篇，介紹作者生平、文獻内容、版本源流、文獻價值等情況。影印底本原有批校、題跋、印鑒等，均予保留。底本有漫漶不清或缺頁者，酌情予以配補。

七、全書所收文獻根據篇幅編排分册，篇幅適中者單獨成册，篇幅較大者分爲序號相連的若干册，篇幅較小者按類型相近原則數種合編一册。數種文獻合編一册以及一種文獻分成若干册的，頁碼均連排。各册按所在各編下屬細類及全書編目順序編排序號。

春秋三傳讞

〔宋〕葉夢得 撰

據南京圖書館藏清顧氏藝海樓鈔本影印。

提要

《春秋三傳讞》三十卷（存二十二卷），宋葉夢得撰。

葉夢得（一〇七七—一一四八），字少藴，號石林居士。宋長洲人。紹聖四年（一〇九七）進士，歷翰林學士、户部尚書等職。工詩詞，邃於經學，尤深《春秋》。著有《石林燕語》《石林詞》《春秋指要總例》等。《宋史》有傳。

中唐以降，以啖助、趙匡爲代表之新《春秋》學興起，反對墨守漢唐以來三傳專門之學，主張以經爲主，綜合三傳，以意去取。宋人延續其風，蔚爲大觀，葉夢得《春秋》三書（《春秋三傳讞》《春秋攷》《石林先生春秋傳》）即爲其中代表。

《春秋三傳讞》凡三十卷，今存二十二卷，爲清代四庫館臣輯自《永樂大典》並參考元人程端學《春秋三傳辨疑》而成。卷首録有四庫館臣所撰《春秋三傳讞提要》，前十卷論《左傳》，中六卷論《公羊》，後六卷論《穀梁》。『讞』有斷獄、評議之義，《春秋三傳讞》意在衡斷三傳經注，以闢邪説，黜異端，彰明經義。葉氏《春秋》三書中，《春秋三傳讞》爲其立論之起點，《春秋攷》原序曰：『自其《讞》推之，知吾之所正爲不妄也，而後可以觀吾《攷》。自其《攷》推之，知吾之所擇爲不誣也，而後可以觀吾《傳》。』是書延續啖助、孫復以來治三傳以意説經之傳統，《四庫全書總目》云其『雖辨博自喜，往往有瀾翻過甚之病，於經旨或合或離，不能一一精確，而投之所向，無不如志，要亦文章之豪也』，可謂客觀。

宋開禧中，葉夢得之孫葉筠將《春秋三傳讞》與《春秋攷》《石林先生春秋傳》同刻於南劍州郡齋，元代猶有傳本，清初已佚。今所傳者爲《四庫全書》所輯《永樂大典》本。本次影印以南京圖書館藏清顧氏藝海樓鈔本爲底本，原書高三十・五厘米，廣十九厘米。此書曾經蘇州藏書家葉廷琯、張炳翔遞藏，卷首鈐「廷琯之印」「小石林」「調生手校」「長州張氏儀許盧藏書」「叔鵬讀過」等印。書中有葉廷琯朱筆校字，每册末有朱筆題校閲日期。

乙酉四月顧氏藝海樓鈔来

四庫館輯永樂大典本

春秋左傳讞 卷一至卷三

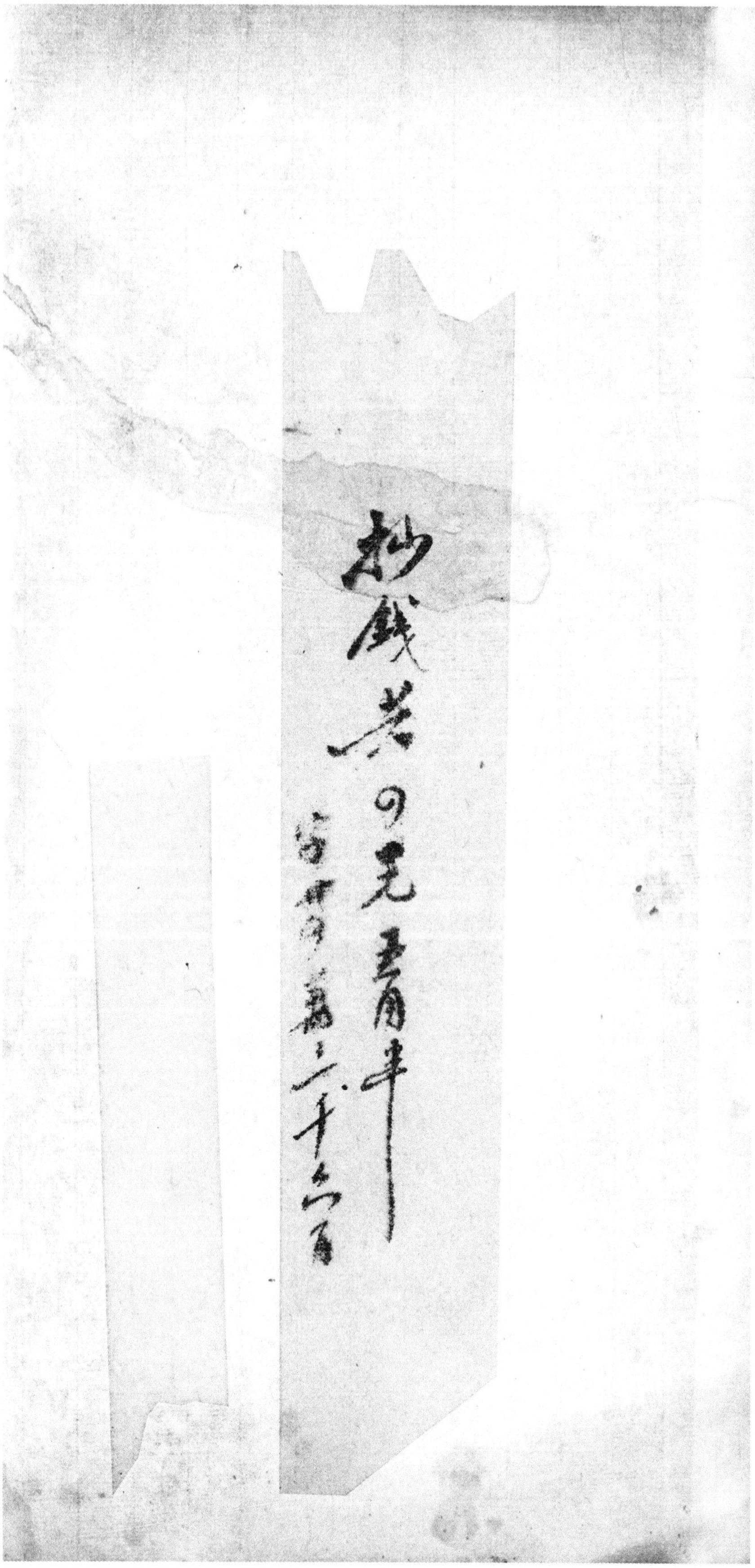

春秋三傳讞提要

謹案春秋三傳讞二十二卷宋葉夢得撰是書抉摘三傳是非生於信經不信傳猶沿啖助孫復之餘波於公羊穀梁多所駁詰雖左傳亦據傳末韓魏反而喪之之語謂智伯亡時左氏猶在斷以為戰國時人案經有續書傳亦有續書夢得蓋未深考語詳左傳注疏條下昌言排擊如辨諸侯世相朝為衰世之事辨宰孔勸晉獻公及魯穆姜悔過之言皆出附會辨十二次分十二國之謬辨夾谷之會孔子沮齊景

公事亦出假託辨墮郈墮費非孔子本意辨諸侯出入有善有惡辨諸侯之卒或日或不日非盡屬褒貶魯侯之至與不至亦不可拘牵成例雖辨博自喜往往有瀾翻過甚之病於經旨或合或離不能一一精確而校之所向無不如志要亦文章之豪也惟古引春秋以決獄不云以決獄之法治春秋名書以讞於義既為未尤且左氏公羊穀梁皆前代經師功存典籍而加以推鞫之目於名尤屬未安是則宋代諸人藐視先儒之錮習不可以為訓者耳

考宋史藝文志是書本三十卷又夢得自記左傳四百十二條公羊三百四十條穀梁四百四十條今據永樂大典所載參以程端學春秋辨疑通加檢核左傳缺九十條公羊缺六十五條穀梁缺八十四條蓋已非完帙然其大較已畧具矣謹依類排次釐為左傳讞十卷公羊穀梁讞各六卷乾隆五十年四月恭校上

春秋攷左傳公皆有自序列于卷端以明
箸書之旨讞更在攷傳二書之前尤當自
撰弁言加首乃獨錄此於自序以前使其
故永樂大典無從采入歟

春秋左傳讞

卷一　　　　宋　葉夢得　撰

隱公

惠公元妃孟子孟子卒繼室以聲子生隱公宋武公生仲子仲子生而有文在其手曰為魯夫人故仲子歸于我生桓公而惠　公薨是以隱公立而奉之

據傳孟子為惠公元妃則夫人也薨當以謚氏見今

稱孟子乃與吳孟子同辭豈有惠公而不謚其夫人者乎則元妃未必為孟子也聲謚也惠公既有元妃則聲子為妾隱公未嘗致之為夫人而與成風敬嬴同辭豈有惠公不謚其夫人而謚其妾者乎則隱公母未必為聲子也仲子以後歸賵言之蓋惠公之妾母爾穀梁以為惠公欲立桓公不敢卒勝其邪心以與隱其言最近經是隱桓皆庶子而隱公長惠公不以愛桓公而以少奪長則惠

公未嘗再娶於宋而仲子亦非桓母也使惠公果嘗立桓公以為太子則隱不即位矣隱與桓公不並君子也安有已立大子而隱復即位者蓋隱公雖以惠公之命即位終欲探其志致國而讓於桓則隱立桓而奉之者亦無有也四事皆不可據史記載惠公嫡夫人無子賤妾聲子生子息息長而娶於宋宋女至而好惠公奪而自妻之生子允登宋女為夫人以允為太子及惠公卒為允少故魯

春秋左傳讞

共令息攝政與傳復不同古書龐亂諸儒各記所聞莫可盡考一當以經為正傳惟失於仲子故終隱之篇皆違經意

元年春王正月

元年春王周正月不書即位攝也

春秋之法莫大乎書王於正月之上蓋正朔所自出所以王天下者在此豈獨別於周哉度傳意若以經所書皆一用周正故於元年特發之以見例

春秋魯史安有為魯史而不用正者何嫌而必為別吾考傳凡敘事記時者大抵多先經一時如隱經書冬宋人取長葛傳以為秋桓經書夏穀伯綏來朝鄧侯吾離來朝傳以為春僖五年經書春晉侯殺申生傳記於四年十二月十年經書正月晉里克弑卓及荀息傳記於九年十一月之類蓋舊史記時皆以夏正至經始正之兩傳雖知經辨舊史之異而未知書王正月之義也　攝者有君而

已代之行事如周公於成王是也隱既即位而桓
未嘗立則隱實君矣何以謂之攝哉

三月公及邾儀父盟于蔑

邾子克也未王命故不書爵曰儀父貴之也

邾未王命則附庸之國禮所謂公之孫四命以皮
帛眡小國之君者也繁露曰附庸字者方三十里
名者方二十里人氏者方十五里邾若為三十里
之國自當以字見傳蓋不知此但見後邾子克卒

而此書字故以為貴之後書邾子者進而成國者也且謂公即位求好於邾胡為盟而貴之此公自求好何反善于邾而得貴及宋人盟于宿何為而不貴乎

夏五月鄭伯克段于鄢

初鄭武公娶于申曰武姜生莊公及共叔段莊公寤生驚姜氏故名曰寤生遂惡之愛共叔段欲立之亟請於武公公弗許及莊公即位為之請制公曰制巖

邑也虢叔死焉他邑唯命請京使居之謂之京城大
叔祭仲曰都城過百雉國之害也先王之制大都不
過參國之一中五之一小九之一今京不度非制也
君將不堪公曰姜氏欲之焉辟害對曰姜氏何厭之
有不如早為之所無使滋蔓蔓難圖也蔓草猶不可
除況君之寵弟乎公曰多行不義必自斃子姑待之
既而大叔命西鄙北鄙貳於己公子呂曰國不堪貳
君將若之何欲與大叔臣請事之若弗與則請除之

無生民心公曰無庸將自及大叔又收貳以為己邑
至于廩延子封曰可矣厚將得衆公曰不義不暱厚
將崩大叔完聚繕甲兵具卒乘將襲鄭夫人將啟之
公聞其期曰可矣命子封帥車二百乘以伐京京叛
大叔段段入于鄢公伐諸鄢五月辛丑大叔出奔共
書曰鄭伯克段于鄢段不弟故不言弟如二君故曰
克稱鄭伯譏失教也謂之鄭志不言出奔難之也
段本封京故曰京城大叔段果敗而奔共安得遂

春秋左傳識

謂之共叔段于鄢非鄭地趙氏謂當作鄔傳言王取鄔劉蒍邘之田于鄭者理或宜然經書克段于鄢謂自京追至于鄢殺之以見其遠穀梁言于鄢遠者是也不言殺言克見鄭伯用力必勝之而後已者也使段實入鄢鄭伯伐而出奔自應書伐段于鄢段出奔于衛豈可弃而言克乎此乃段死其子公孫滑奔衛處于共傳誤以滑為段爾所謂不言出奔難之者非也

秋七月天王使宰咺來歸惠公仲子之賵

緩且子氏未薨故名

經稱仲子而傳以子氏言之蓋傳不知推僖公成風以子繫母之義則仲子亦惠公之妾母爾但見後書夫人子氏薨誤以仲子為一人故以為未薨又離惠公以為二故以為緩古雖無道之君未有生而賵人者也或者以季文子聘晉求遭喪之禮以行為比夫遭喪與其適遇之而不知禮孰若備

而不用謂之豫凶事可也是可與生而賵人者同
日語哉亦或有之王使榮叔歸含且賵含賵二事
猶言且惠公仲子妾生而並稱非春秋之法也或
又以為仲子誠母不當後惠公亦非是經固言僖
公成風矣蓋妾無所繫以子而見可言惠公仲子
不可言仲子惠公則仲子固惠公之母也

八月紀人伐夷夷不告故不書

傳例凡諸侯有告命則書不然則否師出臧否亦

如之雖及滅國滅不告敗勝不告克不書于策此以舊史言之可也今言紀伐夷不告故不書者以春秋言也然春秋所據者舊史舊史所據者赴告舊史既以不告而不書矣傳何從得之而復以經不書為說邪以此知凡事有不見於經如鄭厲公之入晋文公之出之類皆舊史所無有傳蓋參取諸國之書與雜家小說相與共成之不全出於舊史故每兼見經外事多與經不合而妄以經不書

春秋本例[illegible]

為義者皆非也

有蜚不為災亦不書

經有書災有書異螽螟之類災也六鷁退飛鸜鵒來巢之類異也災與異本二事傳知災而不知異故為例曰凡物不為災不書六鷁退飛鸜鵒來巢此豈能為災者乎蜚言有猶言有蜮以中國所無為異也安在其為災不災有則經必書之矣

冬十月庚申改葬惠公公弗臨故不書惠公之薨也

有宋師大子少葬故有闕是以改葬衛侯來會葬不見公亦不書

諸國事不告不書於策固有之矣魯事則未有不書於策者今傳別出經不書例凡國之事孰大於改葬其君據傳言桓公實為太子隱公既即位攝君盟會征伐見書於經者未嘗以為嫌而不專之也何獨葬其父而反以為嫌乎且葬皆以主人為辭後記衛侯來會葬不知所以告諸侯者隱公邪

桓公邪若曰桓公則未有太子而交諸侯者也若
曰隱公則豈有已告之而已不臨之者乎子氏薨
稱夫人據傳例得書於經是赴於諸侯隱公為之
也子氏薨隱公且猶赴之改葬惠公乃使太子告
之乎所謂惠公薨有宋師太子少葬故有闕者使
隱公誠以太子主葬是亦名爾而葬禮之備當在
隱公以為有宋師猶可若曰太子少必待長而能
備則安用隱公哉且此相距纔一年亦豈一年之

後遂以為長而能備禮於前尤可見其妄也
衆父卒公不與小斂故不書日
日月為例公羊穀梁之失也而傳亦一見於此然
文書甲申公孫敖卒于齊宣書辛巳仲遂卒于垂
成書壬申公孫嬰齊卒于貍脤皆在境外公固不
得與小斂而皆書日則公子益師之不書日豈以
不與小斂哉吾嘗疑左氏出於戰國之際或在公
羊穀梁後今以此考之是蓋亦聞日月為例之説

故入春秋之初欲竊而用之後見其不可通則止

而不暇刪也

二年

無駭師師入極

司空無駭入極費庈父勝之

司空三卿也凡大國次國之卿三命經皆以名氏見隱公之臣未有以氏見者穀梁以為隱不爵大夫幾是美公子益師公子彄得氏者先君之大夫

也傳不知此既妄以公子翬不氏為貶然無駭誠司空未嘗有罪何為而亦不氏乎無駭亦隱之大夫爾謂之司空者妄也

九月紀裂繻來逆女

卿為君逆也

春秋書大事不書小事書變事不書常事裂繻書以卿為君逆為得禮則常事不當書矣婚禮父沒母命之傳蓋不知裂繻不稱使為母命之一見正

非為卿也說已見公羊

三年春

三月庚戌天王崩

三年春王三月壬戌平王崩赴以庚戌故書之

平王誠以壬戌崩非義所在經何不正之而必從赴杜預以為懲臣子之過此附會之辭也夫舊史雖從赴告赴告所言未必皆實經雖據舊史舊史所書未必皆當必有研考是非為之襃貶以示法

者如晉獻公以驪姬之譖而殺申生楚商臣以子弑父而代其位其赴告之辭必不自言申生無罪而已殺之與已實自殺其父者然而經書晉侯殺其世子申生楚世子商臣弑其君頵所謂其文則史其義則某竊取之者也傳每以經從赴為說杜預從而附會為之義甚有至於顛倒是非反易名實者害經之弊莫大於此焉

夏四月辛卯君氏卒

不書姓為公故曰君氏

聲子未必為隱母吾固言之矣君字文衍當為尹氏公羊穀梁是也蓋氏者繫其人之稱非繫于人之稱如母氏伯氏仲氏之類則聲子安得繫之隱公哉不赴于諸侯不反哭于寢不祔于姑故不曰薨此三者於禮皆無見不稱夫人故不言葬定姒氏卒不稱夫人後何以書葬姒氏傳蓋未嘗考之也

鄭武公莊公為平王卿士王貳于虢鄭伯怨王王曰

無之故周鄭交質王子狐為質於鄭鄭公子忽為質于周王崩周人將畀虢公政四月鄭祭足帥師取温之麥秋又取成周之禾周鄭交惡君子曰信不由中質無益也明恕而行要之以禮雖無有質誰能間之苟有明信澗谿沼沚之毛蘋蘩薀藻之菜筐筥錡釜之器潢汙行潦之水可薦於鬼神可羞於王公而況君子結二國之信行之以禮又焉用質風有采蘩采蘋雅有行葦泂酌昭忠信也

傳自以其說予奪當時之事者或稱君子曰或託稱孔子曰仲尼曰然多不可證此以臣質君亂名分之極矣曾莫之論而反如敵以下以不信責之是安足為信而以為君子之言宜其不足以知經也

癸未葬宋穆公

宋穆公疾召大司馬孔父而屬殤公焉曰先君舍與夷而立寡人寡人弗敢忘若以大夫之靈得保首領

以沒先君若問與夷其將何辭以對請子奉之以主社稷寡人雖死亦無悔焉對曰羣臣願奉馮也公曰不可先君以寡人為賢使主社稷若弃德不讓是廢先君之舉也豈曰能賢光昭先君之令德可不務乎吾子其無廢先君之功使公子馮出居於鄭八月庚辰宋穆公卒殤公即位君子曰宋宣公可謂知人矣立穆公其子饗之命以義夫

宋宣公不立其子而立其弟宋之亂卒至於弒君

爭國者宣公之為也其命之可謂非義而反以義
與之謂之知人宜其不足與論隱桓之事矣

四年

夏公及宋公遇于清

夏公及宋人遇于清

周官冬見曰遇此天子見諸侯六禮之一也蓋冬
無事其禮略猶之邂逅相遇然故諸侯不期而會
曰遇穀梁之言是也齊侯唁昭公于野井昭公以

人為菑以幦為席以鞍為几謂之以遇禮相見者以此而傳言遇皆以為先相期事有怵迫不暇為會之辭故此以為衛人來告亂言之雖近之而其實非也

宋殤公之即位也公子馮出奔鄭鄭人欲納之及衛州吁立將修先君之怨于鄭而求寵于諸侯以和其民使告于宋曰君若伐鄭以除君害君為主敝邑以賦與陳蔡從則衛國之願也宋人許之於是陳蔡方

春秋左傳讀

睦于衛故宋公陳侯蔡人衛人伐鄭圍其東門五日
而還

前言穆公屬殤公於孔父而使公子馮出居於鄭
則馮固自已處鄭矣安得殤公即位而後始出奔
非也經書夏宋公陳侯蔡人衛人伐鄭秋暈師帥
會宋公陳侯蔡人衛人伐鄭左氏謂宋公陳侯蔡
人衛人伐鄭圍其東門五日而還秋諸侯復伐鄭
宋公來乞師暈固請以師會而行諸侯之師敗鄭

徒兵取其禾而還自左氏言之則是以為實以春
秋法言之則非何者前伐果圍東門而還自當書
圍後果敗鄭徒兵而還則當書戰何為但書伐而
已乎且乞師亦當見經盖左氏不曉翬不氏之義
又不曉師師之義　此言翬帥師公不許翬固請
而行後翬帥師會齊宋伐鄭言翬先會皆以專行
為師師之義而實無有也夫州吁弑君諸侯不討
固已罪矣乃欲修怨于鄭以求寵于諸侯以和其

春秋左傳讀

民蓋將以會免討焉宋以二王後為上公乃率陳
蔡而助之其罪蓋不勝誅而魯又以翬帥師會之
前目罪三國之黨州吁也後目罪魯之從四國也
秋諸侯復伐鄭宋公使來乞師公辭之羽父請以師
會之公弗許固請而行故書曰翬帥師疾之也
前言鄭人伐衛衛請師於邾邾子使私於公子豫
豫請往公弗許遂行及邾人鄭人盟于翼不書非
公命也凡傳敘魯事而經不見者皆以為非公命

是或然矣今翬事與公子豫正同何為反書經豈疾翬而不疾豫乎此蓋傳不明氏不及帥師之義但見翬弑君者疑其彊而自恣經直書翬帥師而不氏與後言公子翬者異其辭若專而貶然故妄意之不悟與其言豫者自相戾也非特如此前言無駭帥師入極後言翬帥師會齊人鄭人伐宋者皆不言疾何以獨見於此也

五年春公矢魚于棠

五年春公將如棠觀魚者

經書公矢魚于棠公羊穀梁以為觀魚今傳亦以為觀魚蓋傳不曉矢之義誤訓為陳故曰陳魚而觀之若然當云觀魚不得言矢魚古者祭君必親射牲田而獲禽亦以共祭今公以春行則冬田之時也蓋欲因冬田射魚為名而縱其淫獵然魚亦非所射也故臧僖伯以不射為諫矢者射也以魚為非所射則固矢魚非觀魚也

九月考仲子之宮初獻六羽、

九月考仲子之宮將萬焉公問羽數於衆仲對曰天子用八諸侯用六大夫四士二夫舞所以節八音而行八風故自八以下公從之於是初獻六羽始用六佾也

六佾言初獻三傳皆失之蓋蔽於六羽以為之說古者婦人無別廟后從天子夫人從諸侯周有姜嫄先妣之廟而用樂者出乎禮之變也仲子之宮

亦禮之變此庶子為君得為其母築宮以公子主之於子祭於孫止者也仲子惠公之母而卒於隱公之世不得祭於惠公隱公以孫而得祭之者禮為人後者為其父母三年是以經書考仲子之宮予之而不譏也然仲子可築宮不可用樂而公乃獻六羽此經所以記其初言後之婦人之廟而用樂者自是始矣傳者不知此但見魯諸公廟皆僭八佾而仲子宮忽言六羽遂以為義因為公問羽

數與衆仲對之言傳不能辨而載之夫使魯嘗為妾母立廟用樂則蓋有為之者矣又何問焉若雖立廟而未嘗用樂則樂之用否且不能必何暇遽及羽數唯前未嘗用而今用此所以謂之初獻也設以諸公廟皆僭八佾而仲子廟獨用六佾為初則此是仲子廟終隱公之世則已矣諸公廟未嘗降何初之云或以為祭未嘗無樂亦不然禮羣小祀不興舞蓋有無樂之祭也

六年春鄭人來渝平

六年春鄭人來渝平更成也

渝平公羊穀梁作輸平當從二氏輸者有物將之以請平猶言輸粟之輸輸者其物也傳雖知其意而不悟渝平之誤故從而謂之更成杜預以為釋狐壤之怨欲以厚鄭鄭因此而來若然當云及鄭平凡平者未有非釋前之不平何用獨見於此也

冬京師來告飢公為之請糴於宋衛齊鄭禮也

為京師請糴諸侯之盛節也謂之禮宜矣然此魯事不應不書於策歸粟于蔡經猶書此安得不書乎傳雜載經外事妄以為說而誣經者如前紀人伐夷之類是也不為說而使學者反以疑經者如此之類是也

七年春

滕侯卒

七年春滕侯卒不書名未同盟也凡諸侯同盟於是

春秋左傳讀

稱名故薨則赴以名告終稱嗣也以繼好息民謂之
禮經
諸侯死而赴以名禮也有不能以名赴者皆遠小之國不能以禮自持者也故經卒而不名者十皆滕薛杞宿秦五國不在同盟與不同盟必同盟而赴以名則杞成公嘗與朝會而不名必不同盟而不名則陳侯鮑曹伯終生衛侯晉之類皆未嘗同盟而名是何足以為例哉僖二十三年又曰赴以

名則亦書之不然則否蓋知前例不可通故復為
說以救之然既以同盟未同盟為例則安所用赴
從赴則廢例從例則廢赴二說蓋不可兼行以經
考之後說是也

八年

八年春宋公衞侯遇于垂

八年春齊侯將平宋衞有會期宋公以幣請於衞請
先相見衞侯許之故遇于犬丘

非也說已見前

春秋左傳讀

三月鄭伯使宛來歸祊庚寅我入祊

鄭伯請釋泰山之祀而祀周公以泰山之祊易許田

三月鄭伯使宛來歸祊不祀泰山也

孔子曰非其鬼而祭之諂也鬼神不歆非其類鄭伯請祀周公此理之必不然者以為求好邪則何必非其祖而祭之以為易許邪則歸祊足矣經書鄭伯以璧假許田本不與今歸祊相及蓋傳誤合以為一是以仍其失而弗悟也

秋七月庚午宋公齊侯衛侯盟于瓦屋、

齊人卒平宋衛于鄭秋會于温盟于瓦屋以釋東門之役禮也

及盟會盟皆内辭也蓋以詳内以别公行或内為志或外為志爾本不通於外惟衛人及狄人盟欲以殊夷狄鄭子會盟于邾蓋地邾邾亦與盟則不得不言會也其他外盟則未有書及與會者焉今經但書宋公齊侯衛侯盟于瓦屋若言平宋衛于

鄭先會於溫而後盟瓦屋則鄭自當與宋盟安能不見乎杜預以為不告故不書吾前固已言其非矣大抵左氏初不曉會盟為內辭之意凡經言會者必增盟經言盟者必增會或為義或為不義杜預每強為之說要之皆不足據也

冬十有二月無駭卒

無駭卒羽父請謚與族公問族於衆仲衆仲對曰天子建德因生以賜姓胙之土而命之氏諸侯以字為謚

謚因以為族官有世功則有官族邑亦如之公命以字為展氏

諸侯之子稱公子公子之子稱公孫公子公孫皆氏也生則稱之矣此不待賜而氏者也其得見於春秋與否者蓋視其命數非三命之大夫則法不得見也乃公孫之子則未有氏故或以字或以謚或以官或以邑必待君命賜之而後敢氏所謂公孫之子以王父字為氏是也無駭為公子展子邪

[illegible]秋本作[illegible]

則自當氏公孫矣為展孫邪則生即賜展豈待死而後命之乎令卒而請族則無駭生不得氏公孫死乃始氏展是終其身未嘗有氏也天下豈有無氏之人哉以理考之無駭當為公子展之子自氏公孫以末三命不得見於經羽父請而公命之者無駭之子非無駭傳不能察而誤以無駭為展之孫也

九年春

三月癸酉大雨震電庚辰大雨雪

九年春王三月癸酉大雨霖以震書始也庚辰大雨雪亦如之書時失也凡雨自三日以往為霖平地尺為大雪

經書大雨震電不言霖傳益之以霖而不言電傳固不知經矣而杜預遂以為經誤凡杜氏黨傳而誣經類如此月令始雨水雷乃發聲始電仲春之候也夏之仲春為周之四月令以三月大雨震電

故書不在其三日以往也自癸酉至庚辰歷八日既已大雨震電而復大雨雪故書不在其平地尺也此皆記異爾傳不知此而妄為之例又謂之書始與時失且雨自三日以往無時而無也使其為災則自以大水見之矣若不為災則法自不書平地尺雪亦無時而無也使當其時固不書若非其時則亦不必待尺後書也大特言甚也

冬公會齊侯于防

冬公會齊侯于防謀伐宋也

鄭伯莊公也為王卿士以王命討宋則鄭伯以六卿出而將主兵者也經何以先齊而書齊人鄭人伐宋乎人微者也鄭伯果以王命而正天討何不自將使微者將之乎曰鄭人以王命來告伐宋可也既已告魯則必告齊公非主兵者何用會齊侯于防而與之謀乎二者反覆皆無據蓋左氏不知伐宋之因而妄為之說也翬伐不言敗蓋內敗也

防蓋魯之舊邑嘗侵於宋者故公伐宋敗之於菅遂復取之此為近實故方見會防遽見取防取防言取正與經内取舊邑例合杜預欲附會左氏復別防為二邑亦非也

十年春王二月公會齊侯鄭伯于中邱

十年春王正月公會齊侯鄭伯于中邱癸丑盟于鄧為師期

經不書盟吾前言之矣杜預謂公還告會不告盟

故不書前諸侯自會則以為不告不書今公與會則以為不告廟不書皆無所據而強為之辭且公行告廟或致前事或致後事雖不同何乃與其事實併沒之乎經書會在二月傳以為正月杜預以歷推二月無癸丑癸丑乃在正月謂經誤夫會而後為師期會既以二月則正月安得先盟尤可見其遷就之妄也

六月壬戌公敗宋師于菅辛未取郜辛巳取防

壬戌公敗宋師于菅庚午鄭師入郜辛未歸于我庚辰鄭師入防辛巳歸于我君子謂鄭莊公於是乎可謂正矣以王命討不庭不貪其土以勞王爵正之體也

經前言夏翬帥師會齊人鄭人伐宋今再言六月壬戌公敗宋師于菅而齊鄭不與兩事前後自不可合蓋前以翬與二國伐而未得志故公自伐而敗之則郜與防之歸何與於鄭師乎郜宜為宋附

庸之國而防魯之舊邑嘗侵於宋者公旣勝宋遂屬其附庸而復其舊地故皆言取何以知之經內取舊地言取取濟西田是也取附庸亦言取取鄟是也取舊地言取者對與之言彼歸我而我有之取附庸言取者辨滅之名滅者殺其君長夷其社稷而附庸則屬之以聽於己是亦猶吾邑而已前乎宋亂言取郜大鼎于宋則郜國而為宋所有者非宋邑也後見郜子來朝則國固未嘗滅方其取

春秋左傳讀

之乃屬之以為附庸爾防則魯遂有之以為臧文仲之邑矣二取名同而義異傳不能辨其言君子謂鄭莊公不貪其土以勞王爵為正之體者尤非是諸侯有罪而削其地王政也鄭果擅相伐又私取其地歸我謂之正可乎

秋宋人衛人入鄭宋人蔡人衛人伐戴鄭伯伐取之

宋人衛人入鄭蔡人從之伐戴八月壬戌鄭伯圍戴癸亥克之取三師焉宋衛既入鄭而以伐戴召蔡人

蔡人怒故不和而敗

經言宋蔡衛人伐戴傳言鄭伯圍戴是謂三師已得戴鄭伯復從而圍之其言固已行于經矣又曰克之取三師焉是謂鄭伯圍戴而克之取三師于戴若是經何以皆不書乎既曰克戴取三師矣復言召蔡人不和而敗則取三師在召蔡人不在克戴也其言自相戾據經書入鄭伐戴但言秋不言月以其久也宋衛入鄭固已勞矣雖益之以蔡而

伐戴戴未能服翔翔于外進退皆困故鄭伯乘其
僊能以一國覆三師此經所以不正鄭伯之伐而
甚其取之罪也

十有一年春滕侯薛侯來朝

十有一年春滕侯薛侯來朝爭長薛侯曰我先封滕
侯曰我周之卜正也薛庶姓也我不可以後之公使
羽父請於薛侯曰君與滕君辱在寡人周諺有之曰
山有木工則度之賓有禮主則擇之周之宗盟異姓

為後寡人若朝于薛不敢與諸任齒君若辱貺寡人
則願以滕君為請薛侯許之乃長滕侯

非天子不旅見諸侯周之宗盟異姓為後此朝天
子之禮諸侯相朝且不可況于旅見何先後之齒
乎此傳不知經累數兩國之意但見並書來朝故
妄信羽父之傳此猶初獻六羽不責其用樂而記
其羽數左氏之陋大抵皆若此也

秋七月壬午公及齊侯鄭伯入許

秋七月公會齊侯鄭伯伐許庚辰傅于許潁考叔取
鄭伯之旗蝥弧以先登子都自下射之顛瑕叔盈又
以蝥弧登周麾而呼曰君登矣鄭師畢登壬午遂入
許許莊公奔衛齊侯以許讓公公曰君謂許不共故
從君討之許既伏其罪矣雖君有命寡人弗敢與聞
乃與鄭人鄭伯使許大夫百里奉許叔以居許東偏
曰天禍許國鬼神實不逞于許君而假手于我寡人
寡人唯是一二父兄不能共億其敢以許自為功乎

寡人有弟不能和協而使餬其口於四方其況能久
有許乎吾子其奉許叔以撫柔此民也吾將使獲也
佐吾子若寡人得沒于地天其以禮悔禍于許無寧
茲許公復奉其社稷唯我鄭國之有請謁焉如舊婚
媾其能降以相從也無滋他族實偪處此以與我鄭
國爭此土也吾子孫其覆亡之不暇而況能禋祀許
乎寡人之使吾子處此不唯許國之為亦聊以固吾
圉也乃使公孫獲處許西偏曰凡而器用財賄無寘

於許我死乃亟去之吾先君新邑於此王室而既卑矣周之子孫日失其序夫許大岳之胤也天而既厭周德矣吾其能與許爭乎君子謂鄭莊公於是乎有禮禮經國家定社稷序民人利後嗣者也許無刑而伐之服而舍之度德而處之量力而行之相時而動無累後人可謂知禮矣

經書公及齊侯鄭伯入許據傳例獲大城曰入弗地曰入今乃言許莊公奔衛鄭伯得許而中分之

使許叔居東偏公孫獲處西偏豈所謂弗地者哉
且公告齊侯言君謂許不共故從君討之則討許
者齊侯主兵故經序鄭上不特以其爵也使齊侯
而知禮則許服罪而止矣如不知禮而欲擅有其
地則自處之何為更以許讓公又以予鄭鄭伯亦
何為遂敢受之以分其大夫乎許莊公奔衛公實
在焉不待告而知經所當書討許之不共而擅分
人之國其罪有大于不共者於法亦在所貶經皆

無文而槩謂之入非春秋之義也據傳當以鄭專惡紀季以酅入于齊雖不絶祀後經累致意于紀以顯齊滅之罪非鄭雖復存許叔經亦當見其惡不在鄭則在許今皆與經不合如經所書公但與齊鄭入許爾此事疑在桓書許叔入于許之前許嘗滅于鄭而莊公出奔衛居許叔于許之東偏而以公孫獲處許西偏故許叔乘厲公之亂入而復許乃與經相近左氏傳之不審而誤載之不然許叔

果嘗分許之半乘亂復并有公孫獲之地可言許叔取某地不得言入于許入外至之辭也于遠辭也

冬十有一月壬辰公薨

公之為公子也與鄭人戰於狐壤止焉鄭人囚諸尹氏賂尹氏而禱于其主鍾巫遂與尹氏歸而立其主十一月公祭鍾巫齊于社圃館于寪氏壬辰羽父使賊弑公于寪氏立桓公而討寪氏有死者不書葬不

成喪也

君弑賊不討不書葬此春秋責臣子之義不為其不成喪也且公弑於寪氏桓公立而討寪氏有死者是歸獄于寪氏而自掩其惡也豈復薄於公之葬而使不備禮手縱誠有之此尤臣罪經不得併貶隱公使不得見葬也

春秋左傳讞卷一

春秋左傳讞

宋　葉夢得　撰

卷二

桓公

元年春王正月公即位

三月公會鄭伯于垂鄭伯以璧假許田

元年春公即位修好于鄭鄭人請復祀周公卒易祊田公許之三月鄭伯以璧假許田為周公祊故也

鄭無祀周公之禮吾前言之矣此蓋傳誤以祊為祭故謂假許田為周公祊祊地名也公羊穀梁以為邴祭之名祊者二祭之明日又祭謂之祊各以其方之神祀之謂之祊尤可見傳之妄許田疑前公及齊侯鄭伯入許之後嘗侵其田而分之鄭伯以其境相近故以壁假為名而取之爾

秋大水

凡平原出水為大水

久雨霖潦江河決溢凡可以害物者皆大水也故
魯弔宋大水之辭曰天作淫雨害於粢盛不以平
原出水也平原固無出水之理雖出水而不為害
亦不可言大水

冬十月

宋華父督見孔父之妻于路目逆而送之曰美而豔
孔父事公羊言之是已所謂義形於色者也此非
獨公羊之辭其傳之必有自左氏亦竊聞之而不

能詳故誤以色為美色之色因附會以為督見孔父妻而萌其惡孔父宋之卿督其大夫殺卿取其妻猶居位不去待君怒而後始懼其不近人情已甚趙氏蓋嘗論之矣

二年春王正月戊申宋督弒其君與夷及其大夫孔父

二年春宋督攻孔氏殺孔父而取其妻公怒督懼遂弒殤公君子以督為有無君之心而後動於惡故先書弒其君會于稷以成宋亂為賂故立華氏也

春秋弑君及其大夫而得並見者三皆以其賢也其先後蓋君臣之辭凡弑君者孰非先有無君之心固不足為義不然如仇牧荀息死實在君後又何以別乎

三年

夏齊侯衛侯胥命于蒲

不盟也

胥命相命為侯伯也八命作牧九命作伯皆天子

之事諸侯固不得私相命亦不得更受命齊太公衛康叔昔皆嘗為伯故僖公宣公復私以相命傳蓋與公羊穀梁同信其所聞以為約言而退不歃血故以為不盟誤也

公子翬如齊逆女

秋公子翬如齊逆女修先君之好故曰公子翬至是始進為三命之卿故得以氏見傳不知大夫書氏不書氏例其言率自相違戾且經書諸侯

嗣位凡聘會之事無非繼好息民何獨逆女而襃之乎前以翬帥師不氏為專命疾之今以翬逆女稱氏為修先君之好襃之若不疾不襃則翬當何稱乎

四年春正月公狩于郎

四年春正月公狩于郎書時禮也

四時之田得其時制皆常事不書有謂而興則書其事而不地壬午大閱是也此以狩書而言于郎

春秋左傳讀

則非講武事蓋淫獵于遠爾與齊人狩于禚同義

傳但見書于正月為夏十一月以冬狩得為禮誤

也

夏天王使宰渠伯糾來聘

夏周宰渠伯糾來聘父在故名

左氏以宰周公為例故以此當言宰渠伯不當糾

以名糾為父在之辭凡春秋父喪而世其爵如武

氏子父在而代之政如仍叔之子皆正其為子未

嘗貶以名何獨於糾名之以示貶乎渠伯誠聘而得禮雖父在何害而必見名蓋知必以聘桓之故譏之也

五年春正月甲戌己丑陳侯鮑卒

五年春正月甲戌己丑陳侯鮑卒再赴也於是陳亂文公子佗殺大子免而代之公疾病而亂作國人分散故再赴

甲戌下有闕文傳弗悟故妄以爲再赴國亂而不

及赴者有矣未有及再赴者雖再赴經亦當覈實

而書其一不得但傳疑也

大雩、

秋大雩書不時也凡祀啓蟄而郊龍見而雩始殺而

嘗閉蟄而烝過則書

凡雩以建巳之月而預祈者常雩也法不應書非

建巳月而書者以旱得見其雩也傳不知此以龍

見為節謂過則書若然過而旱則不雩乎此四者

左氏立為之例以為過則書是凡書皆貶也然經書正月烝周之正月夏之仲冬周官四時之祭皆以仲月自不為過何為而書乎雩旱祭也凡書雩皆為旱而祈雨記得不得以重民事爾若書皆為過則旱不得祈乎此固全不可為義矣乃四者之節亦自非是魯郊以卜本不可為定禮周郊以日至祈穀以正月上辛自不通於諸侯啓蟄建卯之候為周祈穀祭則已過為魯郊卜而適得則不可

春秋左傳讞

以為常則啓蟄非郊之節也月令蒼龍七宿以仲
夏昏見周之常雩在孟夏建巳龍未見則龍見亦
非雩之節也仲秋殺氣浸盛始殺當在孟秋嘗在
仲秋乃浸盛之時則始殺亦非嘗之節也蟄蟲咸
俯在内皆墐其戶烝為冬祭當以仲冬則閉蟄亦
非烝之節也四者無一而合此雖無與於經亦可
見左氏為例初無所據大抵皆率意自為不可信
類如此

六年春正月實來

六年春自曹來朝書曰實來不復其國也

州公以其國危遂留於曹而不復則固已失地矣安能復自曹朝我乎此傳不知實為王之中士與外再命大夫如魯翬柔挾溺鄭宛莒慶秦術吳札之類於法自當以名見也

冬紀侯來朝

請王命以求成于齊公告不能

春秋左傳讀

八年祭公來遂逆王后于紀則魯蓋與謀矣魯謀
納紀女于王正以齊之故以為公告不能者誤也

八年春

祭公來遂逆王后于紀

祭公來遂逆王后于紀禮也

三公而聘后固不可王后之尊即謀於我不往復
命而遂逆之亦不可皆非禮之正不可謂之禮也

九年春紀季姜歸于京師

九年春紀季姜歸于京師凡諸侯之女行唯王后書春秋不書王國之事非略之卑不敢紀尊也故天王即位逆王后王世子生之類皆不見經葬天王以我會書天王出以來告我書若是之類必有及于魯者然後見周王之見于魯史者凡七而書逆后者纔二祭公以來謀于我因以見公逆之非禮也劉夏以過我因以見不以卿逆之非禮也紀季姜書歸蓋以前謀於我我主之故書猶莊王王姬

[illegible]

而書王姬歸于齊也傳但見此三書遂以為例然
則劉夏亦逆后何以不書歸而莊傳記原莊公逆
王后于陳宣傳記召桓公逆王后于齊亦何以不
書哉

十年

冬十有二月丙午齊侯衛侯鄭伯來戰于郎

冬齊衛鄭來戰于郎我有辭也初北戎病齊諸侯救
之鄭公子忽有功焉齊人餼諸侯使魯次之魯以周

班後鄭鄭人怒請師於齊齊人以衛師助之故不稱
侵伐先書齊衛王爵也
經序爵未嘗不以主兵者居上故隱書邾人鄭人
伐宋今如傳所言鄭實主兵而經序齊衛下反以
為先王爵尤見前說之妄

十有三年春二月公會紀侯鄭伯己巳及齊侯宋公衛
侯燕人戰齊師宋師衛師燕師敗績
宋多責賂於鄭鄭不堪命故以紀魯及齊與宋衛燕

人私大代謚

戰不書所戰後也

經書公會紀侯鄭伯及齊侯宋公衛侯燕人戰即

戰于魯也以國為地與言戰于宋者同以為公後

妄也

十有四年

秋八月壬申御廩災

乙亥嘗

秋八月壬申御廩災乙亥嘗書不害也

傳例既曰始殺而嘗過則書矣今以秋八月嘗於周正為建未之月此固非其時矣傳何不以其例言之而以不害為說乎蓋誤承上文御廩災以八月為夏之八月不失其時故復妄以不害為義不知二文本不相因使御廩不災不害則可以建未之月嘗矣

十有六年

冬，城向。

冬城向書時也

土功不失其時亦常事不書今下書十有一月衛侯朔出奔則此當為十月夏之八月非時也此亦誤以為夏之八月

十有七年

夏五月丙午及齊師戰于奚

夏及齊師戰于奚疆事也於是齊人侵魯疆疆吏來告公曰疆場之事慎守其一而備其不虞姑盡所備

焉事至而戰又何謁焉

經書内戰四來戰于郎傳以為有辭戰于宋傳以為失信戰于升陘傳雖知公敗績而不為義今又以戰于奚為疆事蓋傳不知内不言戰之義故其辭皆莫適為主且疆吏來告而公戒之又何與於書戰哉

秋八月蔡季自陳歸于蔡

秋蔡季自陳歸于蔡蔡人嘉之也

凡貶而以名見褒而以字見皆經之予奪也此豈國人之辭若蔡季爲蔡人所嘉則紀季宋子哀亦豈紀人宋人嘉之而來告者哉

莊公

元年春王正月

元年春不稱即位文姜出故也故繼也凡死不以正皆曰故此從春秋

辨疑增入

夫人以三月孫于齊則文姜當與桓公之喪同歸此

未出也安得言不即位以文姜故乎杜預强云文姜以桓見殺不敢還慼公意而還此非經意以傳意云爾蓋傳不知繼故不書即位之義杜氏從而附會之也

三

三月夫人孫于齊

三月夫人孫于齊不稱姜氏絶不爲親禮也

不稱姜氏貶夫人也無與齊事以爲絶齊不爲親非經意

秋築王姬之館于外

秋築王姬之館于外為外禮也

主王姬者築館于國中禮也莊公接仇讎之人又在喪知其不可不能辭而築館于外其違禮亦已甚矣何足言禮

三年春王正月溺會齊師伐衛

三年春溺會齊師伐衛疾之也

此與言翬帥師會宋公陳侯蔡人衛人伐鄭疾之

者同蓋亦誤見溺不氏而妄以為貶也

冬公次于滑

冬公次于滑將會鄭伯謀紀故也鄭伯辭以難凡師一宿為舍再宿為信過信為次

凡師止而不進者皆言次初不以日為限也易曰師左次无咎次非貶辭各因其事以為義師次于郎以俟陳人蔡人者見有所待而次者也不可限以一例使出而無名救而不果義在所貶而一宿

春秋本例詳

再宿則免乎

四年

紀侯大去其國

紀侯不能下齊以與紀季夏紀侯大去其國違齊難也

紀侯雖不能下齊而去經所以書大去其國者不特以違齊難也若但違齊難而去則與奔無異何大之云

五年

秋郳犂來來朝

五年秋郳犂來來朝名未王命也

郳附庸之國也傳以與邾子克同例故皆言未王命以見不書爵然邾書字郳書名則不為義若以字為貴則邾以來盟尚得稱字郳犂來來朝其為禮蓋又厚好反不得字乎此傳不知犂來二十里國稱名之義故既失於邾又失於郳

者稱人從諱

六年

夏六月衛侯朔入于衛

夏衛侯入放公子黚牟于周放甯跪于秦殺左公子洩右公子職乃即位君子以二公子之立黚牟為不度矣夫能固位者必度其本末而後立衷焉不知其本不謀知本之不枝弗強詩云本枝百世

衛宣公無嫡子左公子洩右公子職立黚牟經不與諸侯之納朔皆貶而稱人善王人子突之救黚

年進而書字則繫年者庶長之當立經之所與者也二公子立之正矣而反以為不度則不問其正不正惟度其力之所能勝者則為之是豈足為君子之言哉

冬齊人來歸衛俘

冬齊人來歸衛寶文姜請之也

經言衛俘傳作衛寶公羊穀梁亦作衛寶書曰俘厥寶玉則俘亦寶也而左氏例諸侯不相遺俘俘

囚也則與寶為二義故杜預遂疑經誤按經書齊侯來獻戎捷楚宜申來獻捷傳以捷為俘則經蓋以俘為寶以捷為囚當從經不必改俘言寶也此但譏齊以我分惡非所歸爾安知為文姜所請哉亦不足以為義

七年

夏四月辛卯夜恒星不見夜中星隕如雨

夏恒星不見夜明也星隕如雨與雨偕也

星隕如雨非實雨也猶言衆多如雨星隕以異故記與雨偕雨乃常事何足記乎蓋傳讀如為雨古者雨如二字通用故誤云爾

無麥苗

秋無麥苗不害嘉穀也

周之秋夏之建午建未建申之月也建午麥之已成建未建申稻之苗而欲秀之時也而水敗之故書無麥苗無者盡而不餘之辭也安得為不害嘉

[illegible]

穀哉杜預謂黍稷尚可更種按九穀皆穀也而經

獨記麥苗則非此二穀不足言豈凶盈虛矣不害

嘉穀非經書本意也

八年春

甲午治兵

八年春治兵于廟禮也

古者出師受命于祖而已廟非講武之地治兵于

廟豈禮也哉

九年春齊人殺無知

九年春雍廩殺無知公及齊大夫盟于蔇齊無君也

凡經大夫不名猶諸侯不序以其無能為故略之耳此書大夫不名為其盟納子糾而後不能也齊雖無君大夫何害其以名氏見乎

八月庚申及齊師戰于乾時我師敗績

夏公伐齊納子糾桓公自莒先入秋師及齊師戰于乾時我師敗績公喪戎路傳乘而歸秦子梁子以公

旗辟于下道是以皆止鮑叔帥師來言曰子糾親也請君討之管召讎也請受而甘心焉乃殺子糾于生竇

生竇魯地衛石碏以謀使州吁如陳而執之猶請涖于衛而後殺子糾我所主而欲納者也豈戰一不勝反從齊人之請而自殺之手經言齊人取子糾殺之罪魯不當以子糾與之爾其殺之則非魯也

十有一年

夏五月戊寅公敗宋師于鄑

十一年夏宋為乘丘之役故侵我公禦之宋師未陳而薄之敗諸鄑凡師敵未陳曰敗某師皆陳曰戰大崩曰敗績得儁曰克覆而敗之曰取某師京師敗曰王師敗績于某

經書公敗某師于某此內勝外之辭也蓋經凡言勝敗魯與諸侯異辭中國與夷狄異辭公羊穀梁

春秋左傳讀

以為内不言戰舉其大者故内勝外言敗某師内不言戰言戰則敗矣故内敗言及某師戰于某其説是也傳蓋不知此故妄以皆陳未陳為辨且魯書敗某師于某者七無有一書戰者豈皆未陳而敗之乎書戰于某者四無有一書敗者豈皆無敗績者乎凡勝敵無非得儁何獨乎克為致力取勝之名經於鄭段纔一見傳以為如二君故曰克近之矣不得更為別義以類求之若所謂不克葬弗

克納者致力云乎得雋云乎

冬王姬歸于齊

冬齊侯來逆共姬

經書王姬歸于齊我爲之主也内女嫁於諸侯書歸來迎而歸之也伯姬歸于紀是也王姬主我而嫁於諸侯亦書歸既昏而歸之也王姬歸于齊是也二歸皆嫁而書不同蓋内女逆而昏於國王姬來而昏于我尊王室也此蓋親迎不得言逆何以

知之莊書築王姬之館于外築館豈所以為逆哉

十有三年春齊侯宋人陳人蔡人邾人會于北杏、

十三年春會于北杏以平宋亂遂人不至

去年經書冬十月宋萬出奔陳傳言蕭叔大心先及戴武宣穆莊之族以曹師伐萬之子牛殺之而立桓公萬奔于陳宋人以賂請萬于陳陳人使婦人飲之酒犀革裹而歸之宋人醢之宋既立君而討萬則亂已平矣不待於今春齊侯始平之此蓋

襲桓公會稷言以成宋亂之文而誤也

冬公會齊侯盟于柯

冬盟于柯始及齊平也

齊自長勺之役後我已主王姬而與之昏齊侯亦來與我相為好則已平矣不待至此言始及齊平而後盟也

十有五年春齊侯宋公陳侯衛侯鄭伯會于鄄

十有五年春復會焉齊始霸也

春秋不作諱

謂鄄之會也按是秋書宋人齊人邾人伐郳明年夏復書宋人齊人衛人伐鄭皆以宋主會序齊上小白之霸固不始於此是歲冬書會齊侯宋公陳侯衛侯鄭伯許男滑伯滕子同盟于幽前未有言同盟者此蓋小白假天子殷見之禮以合諸侯齊遂序宋上則齊霸宜自幽始謂為鄄者誤也

十有六年

冬十有二月會齊侯宋公陳侯衛侯鄭伯許男滑伯滕子

同盟于幽

冬同盟于幽鄭成也

周官時見曰會殷見曰同天子以四時見諸侯于廟朝覲宗遇是也此五服各以歲來之常禮也故不盟六年五服一朝四方之諸侯皆在曰會又六年王乃時巡有故不行則合諸侯于王國曰同此非常之禮也故朝于國門之外為壇設方明而盟謂之同盟三家不知此每以同為服異之名故此

亦以為鄭成盖見鄭以春被伐至此鄭伯始入會故云爾然僖七年書齊人伐鄭繼書公會齊侯宋公陳世子欵鄭世子華盟于甯母鄭亦入會而不書同二十八年書晉侯伐衛繼書公會晉侯齊侯宋公蔡侯鄭伯衛子莒子盟于踐土衛亦入會而不書同何也

十有八年

夏公追戎于濟西

夏公追戎于濟西不言其來諱之也

此但言其過我而躡之以見貶爾言夷狄者初未嘗以中國與之敵天王敗績於茅戎且不諱戎來魯何足諱乎

秋有蜮

秋有蜮為灾也

非也此亦以異記中國所無爾說已見有蜚

二十有一年春王正月

夏五月辛酉鄭伯突卒

二十一年春胥命于弭夏同伐王城

此謂鄭伯欲納襄王也胥命更相命為侯伯之辭非更相告之辭此不知齊衛于蒲之義而妄襲其文也

二十有二年春

陳人殺其公子御寇

二十二年春陳人殺其大子御寇陳公子完與顓孫

奔齊顓孫自齊來奔齊侯使敬仲為卿辭曰羇旅之臣幸若獲宥及於寬政赦其不閑於教訓而免於罪戾弛於負擔君之惠也所獲多矣敢辱高位以速官謗請以死告詩云翹翹車乘招我以弓豈不欲往畏我朋友使為工正飲桓公酒樂公曰以火繼之辭曰臣卜其晝未卜其夜不敢君子曰酒以成禮不繼以淫義也以君成禮弗納於淫仁也初懿氏卜妻敬仲其妻占之曰吉是謂鳳皇于飛和鳴鏘鏘有嬀之後

[illegible]

將育于姜五世其昌並于正卿八世之後莫之與京

陳敬仲至陳無宇五世至陳成子八世古者卜筮

雖精不應豫知八世之後世次多寡適契如此蓋

後世之陰陽家者流假託舊事附會著書以自神

其術傳不悟每取諸國卜筮之辭記其必驗者類

皆載之無補於經不可偏論姑舉其一以見其誣

而好奇者類若此

二十有三年

夏公如齊觀社

二十三年夏公如齊觀社非禮也曹劌諫曰不可夫禮所以整民也故會以訓上下之則制財用之節朝以正班爵之義帥長幼之序征伐以討其不然諸侯有王王有巡守以大習之非是君不舉矣君舉必書書而不法後嗣何觀

劌言朝會征伐之義是已然天子之禮也何與於諸侯劌以告公固非也傳録之又非也

二十有五年

六月辛未朔日有食之鼓用牲于社。

夏六月辛未朔日有食之鼓用牲于社非常也唯正月之朔慝未作日有食之於是乎用幣于社伐鼓于朝

此昭十七年季平子之言也平子固已誤矣而傳曾莫之悟故覆寫之以為例然此禮魯亦行之故經書鼓用牲者三其二在六月因其過舉以見貶

其一在九月以為得禮存之以見正其失之蓋巳
久禮天子救日伐鼓于社攻之而無幣諸侯救日
請之而用幣于社今鼓不用于朝而于社非所用
牲而用牲是以因其失而併譏之爾

秋大水鼓用牲于社于門

秋大水鼓用牲于社于門亦非常也凡天災有幣無
牲非日月之眚不鼓
非日月之眚不鼓是也先王之祭雖次祝小祝未

春秋左傳讀

嘗無牲雩禜之祭水旱蓋有壇焉惟禜門則瓢齎

而已豈皆無牲哉天災無牲唯救日爾蓋以其變

出非常不可以遽爲且方伐鼓以攻之則祭而祈

請亦不可並行也乃大水則其來固有漸且非攻

之不害其以牲也此蓋譏不用之于壇而于社于

門不當其所爲非禮爾

二十有七年

夏六月公會齊侯宋公陳侯鄭伯同盟于幽

夏同盟于幽陳鄭服也

非也吾前固言之矣即傳而論陳鄭自前幽盟之後未有叛齊者今何得言服杜預彊以陳敬仲奔齊之事為陳罪此自陳國中之亂何與霸主同異至鄭文公獲成于楚乃證文傳鄭子家與趙宣子之書所載為齊侵蔡獲成于楚者是何足據其附會可知

秋公子友如陳葬原仲

秋公子友如陳葬原仲非禮也原仲季友之舊也

先言季友如陳則非私行也内大夫如他國未有目事者此蓋季友察魯難有萌欲去之以為後圖不使以奔行故以葬原仲請於公因以聘陳經持挈而著之以見其志爾禮大夫私行出疆必請反必有獻士私行出疆必請反必告使季友實以葬原仲行於禮固無害經自略而不書矣

二十有八年春

晉獻公娶于賈無子烝於齊姜生秦穆夫人及太子申生

齊姜杜預以為武公之妾傳所謂娶于賈則賈宜為嫡夫人也而僖十五年傳復言晉侯之入也秦穆姬屬賈君焉杜預以賈君為獻公次妃賈女則與其前說自相戾按經書晉侯殺其世子申生世子者嫡子之辭也故申生將戰皋落氏狐突諫之以嬖子配嫡為言則申生固嫡矣安得有齊姜之

事具說皆不足據

冬築郿

築郿非都也凡邑有宗廟先君之主曰都無曰邑邑
曰築都曰城

周制四井為邑四縣為都此自井而上四四而積
之以辨甸稍縣都之名也都與邑固有别矣不以
宗廟言也大都小都雖公卿食采之地然大夫不
敢祖諸侯安得有先君之主乎杜預謂宗廟所在

雖邑曰都此蓋未嘗以禮考之徒欲附會傳云爾
傳既不知都邑之辨故亦失城與築之義凡築謂
創作築臺築囿之類是也城請修舊城邢城成周
之類是也

大無麥禾臧孫辰告糴于齊

冬饑臧孫辰告糴于齊禮也

臧孫辰不言使此蓋譏莊公國無儲積臧孫辰正
卿不能豫計國用有無至無麥禾請糴以自為功

故書若國饑而糴於鄰國此諸侯救灾恤患有無
相通之道常事自不應書何禮之云乎

二十有九年春新延廄

二十九年春新作延廄書不時也凡馬日中而出日
中而入

延廄馬閑也漱則修之不可與土功同例論其時
馬以日中出入此謂春分秋分時也必因其將入
而後可修此於禮何據哉禮諸侯六廄天子十有

二廄每廄為閑延廄天子之廄也此蓋譏魯僭王禮可因其舊復古而不復故書新以見貶若作南門新作雉門及兩觀則不獨言其新而已又有加其度故謂之新作今經言新而傳言新作其不知經之書法可知矣

夏鄭人侵許

夏鄭人侵許凡師有鐘鼓曰伐無曰侵輕曰襲賊賢害能則伐之負固不服則侵之此其名見於

[illegible]秋不作諱

九伐以為辨者趙宣子以為大罪伐之小罪憚之襲侵之事陵也則二師之出大要視其罪之小大而已故伐備鐘鼓聲其罪也襲侵密聲為暫事也則侵非無鐘鼓但備而不作爾傳略知之而不盡其義乃直以有鐘鼓無鐘鼓為例豈有用師而無鐘鼓者乎

秋有蜚

秋有蜚為災也凡物不為災不書

非也說已見前

城諸及防

冬十二月城諸及防書時也

時則常事不書矣此蓋譏大無麥禾之後併為二役經書十二月城者二文十二年城諸及鄆與此也皆夏之十月傳但見其及時而不知二役之意故云爾非時者既見貶得時者又書則何以為辨哉

三十年

冬公及齊侯遇于魯濟

冬遇于魯濟謀山戎也以其病燕故也

遇者不期而會謀山戎則必有豫爲之期者矣蓋傳既誤爲遇例故其言每與經違説已見前

三十有二年春城小穀

三十二年春城小穀爲管仲也

小穀誠爲管仲則必繫之齊不得與内城邑之辭

相亂戍鄭虎牢尚繫鄭況城手城楚丘不繫衛城緣陵不繫杞此自別有說不得槩同也且管仲誠有功於霸魯何為獨城其私邑哉凡城書時皆謂其役之久綿三月見譏不特以非時也春若在建子之月則猶及時而不書莫其以時見者亦以其久也

夏宋公齊侯遇于梁丘

齊侯為楚伐鄭之故請會于諸侯宋公請先見于齊

春秋左傳讀

侯夏遇于梁邱

此亦失遇之義而妄為之說後未見會諸侯而謀

楚者則安知此為先見齊侯

閔公

元年春王正月

元年春不書即位亂故也

慶父雖弒子般然從容如齊歸而立閔公以自掩

其惡時季子已奔陳慶父尚為政國初未嘗亂閔

公何以不得即位此亦不知繼故之義而妄言之
也

秋八月公及齊侯盟于落姑

秋八月公及齊侯盟于落姑請復季友也齊侯許之
使召諸陳公次于郎以待之季子來歸嘉之也

閔公立纔八歲季子奔陳本以避慶父則季子蓋
慶父之所畏也閔公之幼方為慶父所立而慶父
且專國政請復之者誰乎以經考之去年先書子

般卒公子慶父如齊不言出奔蓋請於齊以立閔公弑般之惡未著也齊亦不得而知季子當自陳之齊愬於小白欲挾齊歸以治其罪小白許之召公而與之盟然後季子敢歸則復季子者蓋齊非魯此其情也不然魯自復季子何待請齊而與之盟若曰閔公齊所立魯不敢擅復季子必聽於齊則季子歸非慶父之利何為而欲復之此其理甚明經不書季子自齊來歸者見季子本謀不以齊

尸其功也

冬齊仲孫來

冬齊仲孫湫來省難書曰仲孫亦嘉之也仲孫歸曰不去慶父魯難未已公曰若之何而去之對曰難不已將自斃君其待之公曰魯可取乎對曰不可猶秉周禮周禮所以本也臣聞之國將亡本必先顛而後枝葉從之魯不棄周禮未可動也君其務寧魯難而親之親有禮因重固閒攜貳覆昏亂霸王之器也

仲孫雖言魯秉周禮未可以取而言難不已將自斃君其待之猶教小白有窺魯之意故去其名以見貶蓋經有書名以見貶者不應名而名所以為貶也宰渠伯糾是已有去名以為貶者應名而不得以名見所以為貶也齊仲孫湫是已湫齊之卿得以名氏見者也

二年

成風聞成季之繇乃事之而屬僖公焉故成季立之

閔公與僖公皆庶子慶父立閔公蓋乘季子奔陳以哀姜之故假齊為重且利其少也閔公死則僖公自當立若以成風聞成季之繇事成季而屬僖公季子不以僖公居長徙以成風之屬而立之則與敬嬴私事襄仲立宣公無異何足以為季子此言害義為甚理不然也此尤見誣而好奇之過其弊至此

春秋左傳讞卷二

春秋左傳讞

宋　葉夢得　撰

卷三

僖公

元年春王正月

元年春不稱即位公出故也公出復入不書諱之也諱國惡禮也

正月公如未歸自未即位當如定公以歸之月書

春秋左傳讀

不得言不稱即位也如公已歸自不害其即位豈可以嘗出而不稱乎按閔公以八月薨慶父九月出奔莒齊高子以冬來盟僖公歸立當在此時則僖公之歸蓋在歲前此亦失於繼故之義而每妄為之說也

齊師宋師曹師次于聶北救邢

夏六月邢遷于夷儀

諸侯救邢邢人潰出奔師師遂逐狄人具邢器用而

遷之師無私焉　夏邢遷于夷儀諸侯城之救患也
凡侯伯救患分災討罪禮也
經書正月齊師宋師曹伯救邢　邢遷于夷儀六月後見三師城邢者蓋救邢之師已散而邢自遷故三師復會而城之此經所以書救書遷書城歷數其序而列之若但因其救遂遷而城則為一事當舉其重如楚邱緣陵書城夷儀足矣何用更見遷乎先見邢遷而後見城邢所以別其非專封此義

尤不可亂況經書師而傳以為諸侯尤可見其言

之無據也

九月公敗邾師于偃

九月公敗邾師于偃虛邱之戍將歸者也

此拘於以未戰為例而不知內辭書敗之義故例

為之辭未必實也

冬十月壬午公子友帥師敗莒師于酈獲莒挐

冬莒人來求賂公子友敗諸酈獲莒子之弟挐非卿

也嘉獲之也公賜季友汶陽之田及費

莒挐猶莒言慶子男之卿再命自當以名見之傳不知此但見其不氏與獲宋華元獲陳夏齧之類異故仍邾庶其之例以為非卿而特書妄意以為嘉季子也既敗其師矣獲挐不獲何足數也

十有二月丁巳夫人氏之喪至自齊

夫人氏之喪至自齊君子以齊人之殺哀姜也為已甚矣女子從人者也

非君子之言也此齊以霸討不私其親之義何從
人之云

二年春王正月城楚邱

二年春諸侯城楚邱而封衛焉不書所會後也
經言城楚邱傳以為諸侯城楚邱蓋不知此以魯
城為文而妄以諸侯城緣陵例一視之故又謂不
書所會為後蓋左氏為文傳公會諸侯晉大夫盟
于扈為例以為公後至故不書所會凡會諸侯不

書所會後也後至不書其國辟不敏也故於十五年再盟扈十七年會扈皆云然吾嘗言其非矣三者經皆言諸侯而不序妄以魯為會後猶言也今此本不書諸侯而擅增之尤可見其附會也

虞師晉師滅下陽

夏晉里克荀息帥師會虞師伐虢滅下陽先書虞賄故也

既言晉假道于虞虞公許之且請先伐虢而里克荀

春秋左傳讀

息以師往會則虞主兵自當先書虞安得復云以
賄書也

三年春王正月不雨夏四月不雨

三年春不雨夏六月雨自十月不雨至于五月不曰
旱不為災也

去年書十月不雨則十一月十二月雨矣今書正
月不雨則二月三月雨矣繼書四月不雨則五月
以後雨蓋可知矣然而復擧六月雨而志之者穀

梁所謂喜雨者是也蓋百穀皆待雨以生成唯建巳之月為最急故常雩以龍見為節今連歲不雨者三而建巳之月雨是宜于穀所以喜也故經有歷時而言不雨者無志于民也文是也歷月而言不雨者有志于民也僖是也傳不知辨此但見六月書雨遂槩與文言之又疑其文少異故復以為旱不為災其意以建戌至建辰非禾之時故爾然則麥亦病矣且據傳例凡物不為災自不應書此

何為而持書乎

四年春王正月公會齊侯宋公陳侯衛侯鄭伯許男曹伯侵蔡蔡潰遂伐楚次于陘

四年春齊侯以諸侯之師侵蔡蔡潰遂伐楚

小白攘夷狄而抗中國莫大于此舉茍以婦人之怨而勤七國之君夫誰肯聽之哉蔡人雖畏齊亦不遽潰矣此事之必不然者齊之侵蔡志在楚也

辨又見二十八年晉侯侵曹伐衛

葬許穆公

許穆公卒於師葬之以侯禮也凡諸侯薨于朝會加一等死王事加二等於是有以袞斂

諸侯卒於師言師卒於會言會許男雖與伐楚之役然經書許男新臣卒不言師則非卒於師也自會以疾歸其國中而卒爾傳妄意云遂以為卒于師而為加等之例審以為薨于朝會加一等以侯禮葬亦不得言以袞斂侯服鷩冕袞冕上公之服

也

五年

冬晉人執虞公

晉侯復假道於虞以伐虢宮之奇諫曰虢虞之表也虢亡虞必從之晉不可啓寇不可翫一之謂甚其可再乎諺所謂輔車相依唇亡齒寒者其虞虢之謂也公曰晉吾宗也豈害我哉對曰大伯虞仲大王之昭也大伯不從是以不嗣虢仲虢叔王季之穆也為文

王卿士勳在王室藏於盟府將虢是滅何愛於虞且虞能親於桓莊乎其愛之也桓莊之族何罪而以為戮不唯偪乎親以寵偪猶尚害之況以國乎公曰吾享祀豐絜神必據我對曰臣聞之鬼神非人實親惟德是依故周書曰皇天無親惟德是輔又曰黍稷非馨明德惟馨又曰民不易物惟德繄物如是則非德民不和神不享矣神所馮依將在德矣若晉取虞而明德以薦馨香神其吐之乎弗聽許晉使宮之奇以

春秋左傳讀

其族行曰虞不臘矣在此行也晉不更舉矣八月甲
午晉侯圍上陽問於卜偃曰吾其濟乎對曰克之公
曰何時對曰童謠云丙之晨龍尾伏辰均服振振取
虢之旂鶉之賁賁天策焞焞火中成軍虢公其奔其
九月十月之交乎丙子旦日在尾月在策鶉火中必
是時也冬十二月丙子朔晉滅虢虢公醜奔京師師
還館于虞遂襲虞滅之執虞公及其大夫井伯以媵
秦穆姬而修虞祀且歸其職貢于王故書曰晉人執

虞公罪虞且言易也

按史記秦惠王時始改蜡為臘于是臘猶未名盖與後言秦官不更庶長之誤同吾嘗疑左氏戰國人故但記當時之言而不悟其非此一驗也　晋之滅虢非特有滅國之罪又滅同姓當與衛侯燬同書而經不加貶獨言執虞公蓋深責虞公假道伐虢以自亡其援下陽虞虢所恃以為固者也既于下陽書滅見虢滅則虞亦滅也此虞之自滅非

晉滅之也故于是獨見執虞公以為國滅久矣所遺者唯虞公而已不言以歸猶言國晉之國非虞之所得有也傳但不見書虞滅遂以為復修其祀而歸其貢若然是亦擅奪人之地而易其主經安得無貶哉以為言易尤非是

六年

夏公會齊侯宋公陳侯衛侯曹伯伐鄭圍新城

秋楚人圍許諸侯遂救許

冬公至自伐鄭

冬蔡穆侯將許僖公以見楚子於武城許男面縛銜璧大夫衰絰士輿櫬

夏諸侯伐鄭秋楚人圍許以救之諸侯釋鄭而復救許冬書公至自伐鄭則許以諸侯之救而楚圍解矣僖公何為復從蔡侯反自屈於楚而降乎以為諸侯不果於救而許卒困於楚則經當貶諸侯不當以救許為文凡救皆善辭也則僖公見楚之

事妄矣

七年

閏月惠王崩襄王惡大叔帶之難懼不立不發喪而

告難于齊

惠王果以七年崩襄王懼叔帶之亂秘不發喪在
前世或有之矣然不過數日之間豈有經年無君
而子帶不知者乎以經考之諸侯為襄王謀已見
於首止洮但尋前盟而已惠王實以八年冬崩王

人來告喪而畏子帶作亂所謂告難於齊者近之故諸侯復為葵邱之會以修好而襄王以宰周公臨之無秘不發喪之事傳以洮盟謀王室故誤差一年何以知之洮盟在春傳言襄王定位而後發喪則諸侯固已知惠王之崩矣何為更待十二月以丁未告乎

八年

秋七月禘于太廟用致夫人

秋禘而致哀姜焉非禮也凡夫人不薨于寢不殯于廟不赴于同不祔于姑則弗致也

夫人當為成風非哀姜也禮無言致夫人者致之為言猶致師致女本非夫人而致之以為夫人也傳於隐三年君氏卒定十五年姒氏卒與此例凡三發而詳略不同聲子姒氏皆妾母則不薨于寢不殯不赴不祔或有之矣哀姜嫡夫人也不幸見殺于齊而不得薨于寢然經書夫人姜氏薨于夷

又書夫人氏之喪至自齊未有不稱夫人者何待八年而後始致之乎且傳言聲子不稱夫人故不言葬而經書葬我小君哀姜此若未致為夫人安得書葬禮庶子為君為其母築宮仲子之宮是也僖公蓋欲加厚於成風列為夫人而登之於宗廟故禘以致之爾禘以審諦昭穆自三年喪畢初禘之後每五年而再禘僖公以三年喪畢其再禘在八年雖禘之節然實用之以致成風故言用猶九

月用郊有為而為者此經所以書也傳知聲子如
氏之說而不曉其為妾母之義故於此不悟其為
成風但見哀姜不薨于寢遂謂魯人嘗貶之而不
殯不赴不祔皆妾意之初未嘗求于經也按商制
殯於廟周制殯於宮葬則朝廟而後行故檀弓曰
喪之朝也順死者之孝心也其哀離其室也故至
於祖考之廟而後行殷朝而殯於祖周朝而遂葬
與士喪禮言朝而遂葬者同則殯於廟亦非周禮

尤可見其妄也

九年春王三月丁丑宋公御說卒

九年春宋桓公卒未葬而襄公會諸侯故曰子凡在喪王曰小童公侯曰子

王在喪稱小子則見於詩書與禮矣未有稱小童者也禮邦君之妻自稱曰小童二名不應相亂其見於春秋亦無以是為言者其說蓋無據也傳言卿不會公侯會伯子男可也則傳以公侯與伯子

男為兩例武氏子大夫之子也其在喪猶稱子今
言公侯曰子豈伯子男不稱子乎此蓋見經但書
宋子衛子陳子而伯以下適無稱子者故從而為
之例其實不知禮也

夏公會宰周公齊侯宋子衛侯鄭伯許男曹伯于葵邱

夏會于葵邱尋盟且修好禮也王使宰孔賜齊侯胙
曰天子有事于文武使孔賜伯舅胙

按是時襄王初立以月計之惠王猶未葬不得有

事于宗廟何賜胙之有且脤膰之禮以親兄弟之國非齊所得賜或以小白而特賜之亦是在終喪之後而誤記于此

九月戊辰諸侯盟于葵邱、

秋齊侯盟諸侯于葵邱曰凡我同盟之人既盟之後言歸于好宰孔先歸遇晉侯曰可無會也齊侯不務德而勤遠畧故北伐山戎南伐楚西為此會也東畧之不知西則否矣其在亂乎君務靖亂無勤於行晉

侯乃還

小白之會莫盛於葵邱既以為謀王室則不當與伐山戎伐楚同為不務德而勤遠略其言不類矣所謂君務靖亂無勤於行者意必指里克丕鄭父之事且里克欲納文公而殺奚齊在晉獻公卒之後是時獻公尚在宰孔何由豫知其亂而戒之此傳但見後書諸侯盟而不及宰周公不知不敢盟王三公之意妄謂宰孔先歸因附會為之說爾

十有一年

夏揚拒泉皋伊雒之戎同伐京師入王城焚東門王子帶召之也秦晉伐戎以救周秋晉侯平戎于王

惠后欲廢襄王而立子帶齊侯帥諸侯爲首止之會以定世子秦晉皆不與焉自是尋盟復爲洮及葵邱之好亦皆主齊秦晉未嘗入會今子帶召戎伐京師何爲齊及諸侯反不救周而秦晉救之此事未必有疑秦晉史之辭而左氏不能辨况首止

癸卯皆謀王室之大者尚未嘗一與獨何為乎戎
也

十有二年

王以戎難故討王子帶秋王子帶奔齊冬齊侯使管
夷吾平戎于王使隰朋平戎于晉

齊小白本以定襄王謀王室為功今子帶召戎伐
周而不救又從而納子帶反平戎於王與晉而和
之是乃黨子帶而與戎為好者其行事豈不戾哉

十六年復言王以戎難告于齊齊召諸侯以戍周告難不應在五年之後是時子帶尚在齊王亦不應復假齊以為援而十三年言齊使仲孫湫聘于周且言王子帶湫復命曰王怒未怠不十年弗召也而二十二年記富辰請召大叔而王復之於齊正十年豈仲孫湫之智果能豫定富辰之請若是其適契乎其言前後乖違附會一無可據以吾考之自子帶奔齊至王召之皆不足信特頹桃之欲

春秋左傳[illegible]

為亂因惠后之意奉子帶以狄師攻王王出適鄭乃為近實秦晉平戎之事吾固疑其未必有且伐而言平者猶獻功也今言平戎乃和解之二義自不同兼襄王畏子帶久矣每告難於諸侯不暇不應今奔而復召之蓋戎與狄事相近傳不能辨而誤載之不然齊小白以霸顯諸侯坐視王室之難而不救内黨於罪人外黨於戎狄反秦穆公晉惠公之不若安用其為首止于洮葵邱之盟者而經

于諸侯不一貶也

十有四年

夏六月季姬及鄫子遇于防使鄫子來朝

鄫季姬來寧公怒止之以鄫子之不朝也夏遇于防而使來朝

經書季姬及鄫子遇于防則季姬固未嘗嫁鄫左氏安得遽言鄫季姬來寧而公怒之乎蓋徒見内女無與外諸侯相遇之理且能使之來朝故意之

云爾凡內女既嫁必冠以其國與其夫之姓如紀伯姬蕩伯姬之類此春秋常法也然必先見歸如伯姬歸于紀之類或以季姬嫁在鄫子爲世子之時故經不見然何以後方見季姬歸于鄫乎或又曰此鄫子來朝而請得之故再見夫鄫子不朝因季姬來寧怒而止之則但不歸其國而已未嘗絕也何用以書嫁之辭書之其反覆皆無據云

二十有一年

冬公伐邾

任宿須句顓臾風姓也實司太皞與有濟之祀以服事諸夏邾人滅須句須句子來奔因成風也成風為之言於公曰崇明祀保小寡周禮也蠻夷猾夏周禍也若封須句是崇皞濟而修祀紓禍也

滅國未有不書于經者諸侯來奔亦未有不書于經者審如傳言經安得不見乎滅須句謂不告不書猶可也來奔則無不書之理案明年公伐邾取

須句猶言公伐邾取訾婁則須句蓋邾之邑也傳
不知此而以成風為同姓故妄信所傳耳

二十有二年春公伐邾取須句

二十二年春伐邾取須句反其君焉禮也

陳世子吳復歸于陳蔡世子廬復歸于蔡楚滅其
國而後能復之猶見書于經須句誠滅于邾而魯
反其君此孔子所謂興滅國繼絕世而天下之民
歸心焉者也而經反與伐國取邑之辭一施之猶

不免于譏乎左氏蓋既失之于前而因以成其說
者也

文公

元年

天王使毛伯來錫公命

王使毛伯衛來錫公命叔孫得臣如周拜

經言錫公命錫者常也賜者非常也言賜誤矣

晉侯伐衛

晉襄公既祥使告于諸侯而伐衛及南陽先且居曰效尤禍也請君朝王臣從師晉侯朝王于溫先且居胥臣伐衛

經言晉侯伐衛則非先且居胥臣矣文公以前僖三十二年十二月卒至今年四月則方練後四月亦不得言既祥溫會在僖二十八年文公之為也亦不得言朝王于溫三者皆誤

公孫敖如齊

穆伯如齊始聘焉禮也凡君即位卿出竝聘踐修舊好要結外援好事鄰國以衛社稷忠信卑讓之道也忠德之正也信德之固也卑讓德之基也

周制歲相問也殷相聘也世相朝也君即位而卿出聘蓋春秋之制不可為先王之禮

二年

夏六月公孫敖會宋公陳侯鄭伯晉士縠盟于垂隴

六月穆伯會諸侯及晉司空士縠盟于垂隴晉討衛

故也書士穀堪其事也

前以穀為司空則卿矣自當以名氏見猶盧朾之盟言仲孫蔑會晉侯宋公衛侯邾子齊崔杼者何士穀獨以為堪其事推傳意似謂卿不會公侯故云爾然經序士穀在宋公陳侯鄭伯之下則固不與之會杜預乃以司空非卿以出盟諸侯受成於衛貴而書名氏蓋是不達傳意而妄言之豈有司空而非 卿者諸侯再命之大夫經未有進而稱氏

使實卿而當進則何以書乎

八月丁卯大事于太廟躋僖公

秋八月丁卯大事于太廟躋僖公逆祀也於是夏父弗忌為宗伯尊僖公且明見曰吾見新鬼大故鬼小先大後小順也躋聖賢明也明順禮也君子以為失禮禮無不順祀國之大事也而逆之可謂禮乎子雖齊聖不先父食久矣故禹不先鯀湯不先契文武不先不窋宋祖帝乙鄭祖厲王猶上祖也

諸侯不得祖天子鄭祖厲王蓋周之末造此弗忌
之誤傳載之非也
冬晉人宋人陳人鄭人伐秦
冬晉先且居宋公子成陳轅選鄭公子歸生伐秦取
汪及彭衙而還以報彭衙之役卿不書為穆公故尊
秦也
內王之下士外小國之卿與大國之士皆一命書
人公羊穀梁所謂微者春秋常法也其名例固不

可亂唯北杏之大夫始會惡曹之大夫始盟清邱之大夫屈中國而從楚翟泉之大夫盟于天子之側皆貶而稱人蓋其事昭然可考其他未有不見於事而變文者蓋卿貶而書人可矣然與一命而法當書人者何辨此春秋別嫌明微之道也而傳每于諸國並以人見者皆為貶卿之辭必列其姓氏而曲為之說以義考之悉無據且此伐秦之人謂之崇德春秋伐國而非其罪者多矣未嘗皆貶

之秦穆公雖有悔過用孟明之小善何獨遽尊之乎

公子遂如齊納幣

襄公如齊納幣禮也凡君即位好舅甥修昏姻娶元妃以奉粢盛孝也孝禮之始也

僖公以十二月薨杜預以為月誤當為十一月今以冬納幣固未知為十二月與否審為十二月猶在禫則納采在三年之內矣納幣常禮經未有書

者所以貶其爲喪娶公羊曰三年之内不圖婚者是也反以爲禮乎諸侯取元妃固自有時而以即位爲節尤見其妄

三年春王正月叔孫得臣會晉人宋人陳人衛人鄭人伐沈沈潰

三年春莊叔會諸侯之師伐沈以其服於楚也沈潰

凡民逃其上曰潰在上曰逃

杜預以潰爲衆散流移若積水之潰自壞之象也

蓋衆辭逃者不與於衆竊以其身免以是爲辨初不以上下也鄭伯逃盟陳侯逃歸曰逃鄭詹自齊逃來亦曰逃何獨在上乎

晉陽處父帥師伐楚以救江

冬晉以江故告于周王叔桓公晉陽處父伐楚以救江門于方城遇息公子朱而還

救未有言伐者經特書伐楚蓋見不直救爲緩故明年楚卒滅江若王叔桓公實同伐則何以不書

於經

四年

夏逆婦姜于齊

逆婦姜于齊卿不行非禮也君子是以知出姜知不允於魯也曰貴聘而賤逆之君而卑之立而廢之棄信而壞其主在國必亂在家必亡不允宜哉詩曰畏天之威于時保之敬主之謂也

此公自逆之辭也何以知之女在國稱女在途稱

婦入國稱夫人審以徵者逆當言逆女于齊不得遽稱婦婦雖有姑之辭然宣書夫人婦姜至自齊皆於至言之不得稱於國中也其不與莊書公如齊逆女同文者蓋成禮於齊故即以婦名之所以諱而不書至傳見沒文公與莊書法異因附會出姜而為之辭妄也

五年春王正月王使榮叔歸含且賵

五年春王使榮叔來含且賵召昭公來會葬禮也

傳不以妾母為義而謂之禮其意若謂夫人薨含
賵與葬不見經而成特書以妾母為當含賵且會
葬者以論禮尚安足與言經意乎經不言來正見
滎叔不親至爾而傳言來其誤尤可見也

六年春

六年春晉蒐于夷舍二軍使狐射姑將中軍趙盾佐
之陽處父至自溫改蒐于董易中軍陽子成季之屬
也故黨於趙氏且謂趙盾能曰使能國之利也是以

上之
舍軍易將蒐而後爲之可謂重矣是時襄公方強處父雖專豈得擅爲之哉公羊所謂處父諫襄公從之而廢射姑者是也故以爲公漏言云

晉殺其大夫陽處父晉狐射姑出奔狄
賈季怨陽子之易其班也而知其無援於晉也九月賈季使續鞫居殺陽處父書曰晉殺其大夫侵官也
賈季狐射姑也前言陽處父能改蒐而易中軍亦

已强矣又黨於趙盾安得為無援乎如傳所言處父但為賈季所殺此乃大夫兩下相殺自不得書於經蓋傳不知此例而妄言之也當如公羊云射姑刺之於朝經以襄公漏言故以國殺傳以處父為侵官蓋亦畧聞其為大夫有罪之辭而不達國殺之義故雖言之而終不了累上之義也

閏月不告月猶朝于廟

閏月不告朔非禮也閏以正時時以作事事以厚生

生民之道於是乎在矣不告閏朔棄時政也何以為民

日月所會謂之朔閏月指兩辰之間非朔也先王告朔不告月以閏者附月之餘日而天無是月故爾公羊穀梁之言是也經書不告月傳乃以不告朔為非禮是豈知經乎或曰閏不告月則何以頒是月之政蓋從其所附月而頒之閏與所附月本一月非二月也傳乃以為棄時政此豈廢一月之

政而不告乎其言閏以正時時以作事事以厚生
言閏則是而非不告之義

七年春

三月甲戌取須句

三月甲戌取須句寘文公子焉非禮也

須句為邾邑吾國言之矣文公之子審叛其父我取其邑而封之辭不應無所貶此理之必不然者蓋傳誤以須句為國也使實有此絕太皞之祀以

與鄭國叛臣其罪又大於取邑亦不應無異文也

夏四月宋公王臣卒

宋人殺其大夫

夏四月宋成公卒於是公子成為右師公孫友為左師樂豫為司馬鱗矔為司徒公子蕩為司城華御事為司寇昭公將去羣公子樂豫曰不可公族公室之枝葉也若去之則本根無所庇廕矣葛藟猶能庇其本根故君子以為比況國君乎此諺所謂庇焉而縱

尋斧焉者也必不可君其國之親之以德皆股肱也
誰敢攜貳若之何去之不聽穆襄之族率國人以攻
公殺公孫固公孫鄭于公宮六卿和公室樂豫舍司
馬以讓公子卬昭公即位而葬書曰宋人殺其大夫
不稱名衆也且言非其罪也
言衆則不得言非其罪言非其罪則不得言衆二
義不可相兼杜預別衆爲不稱殺者之名非也例
非兩下相殺豈有稱名者哉此傳知非其罪之義

而不能信故又言衆以包之也

戊子晉人及秦人戰于令狐晉先蔑奔秦

秦康公送公子雍于晉曰文公之入也無衛故有呂郤之難乃多與之徒衛穆嬴日抱太子以啼于朝曰先君何罪其嗣亦何罪舍適嗣不立而外求君將焉寘此出朝則抱以適趙氏頓首於宣子曰先君奉此子也而屬諸子曰此子也才吾受子之賜不才吾唯子之怨今君雖終言猶在耳而棄之若何宣子與諸

大夫皆患穆嬴且畏偪乃背先蔑而立靈公以禦秦師箕鄭居守趙盾將中軍先克佐之荀林父佐上軍先蔑將下軍先都佐之步招御戎戎津為右及堇陰宣子曰我若受秦秦則賓也不受寇也既不受矣而復緩師秦將生心先人有奪人之心軍之善謀也逐寇如追逃軍之善政也訓卒利兵秣馬蓐食潛師夜起戊子敗秦師于令狐

經書晉人及秦人戰于令狐據傳例皆陳曰戰未

春秋左傳讞

陳曰敗某師今潛師夜起則非皆陳矣安得不言敗而反書戰乎趙盾將中軍亦不得不見名氏杜預謂貶廢嫡而外求君附會之辭也且前言先蔑如秦逆公子雍今經書先蔑奔秦而不言出明先蔑從公子雍在秦師以其不得入故復從之歸秦則先蔑何由復將下軍杜預又謂先蔑前還晉晉人始以逆雍出軍卒然變計立靈公弗悟傳言背先蔑而立靈公以禦秦師則立靈公自在出師之

前何先蔑前還之云其妄尤可見凡傳所列將佐
皆無足據此蓋與長岸同文耳
秋八月公會諸侯晉大夫盟于扈
秋八月齊侯宋公衛侯陳侯鄭伯許男曹伯會晉趙
盾盟于扈晉侯立故也公侯至故不書所會凡會諸
侯不書所會後也後至不書其國辟不敏也
傳以齊侯宋公衛侯陳侯鄭伯許男曹伯為諸侯
趙盾為晉大夫是矣而以不書所會為公後至且

經既言公會是公至之辭也今公後至而辭無所貶諸侯非後至而反不得序其賞罰豈不倒置哉此正謂趙盾背公子雍之約而立靈公懼諸侯之討挾霸主以會諸侯不以靈公主會而已臨之諸侯知趙盾以大夫執國命靡然聽之不敢違故貶而畧之爾趙盾以大夫目之蓋猶以公子糾之故而云及齊大夫盟于蔇而不名者同此經所以書于戰于令狐與先蔑奔秦之後也

八年

冬十月壬午公子遂會晉趙盾盟于衡雍

乙酉公子遂會雒戎盟于暴

冬襄仲會晉趙孟盟于衡雍報扈之盟也遂會伊雒之戎書曰公子遂珍之也

扈盟非後至則書討者誤也遂本以二事出故以壬午盟趙盾于衡雍乙酉盟雒戎于暴相去四日非一事再見自不應去族何珍之云使戎果欲伐

春秋左傳讀

魯而遂專盟之經與其遂事則當於衛雍之後書遂會雒戎盟于暴亦不得以再見名氏為美若經不與之去族不書則與一事再見而卒名者何以辨經不言遂而傳言遂其妄可知也

宋人殺其大夫司馬宋司城來奔

宋襄夫人襄王之姊也昭公不禮焉夫人因戴氏之族以殺襄公之孫孔叔公孫鍾離及大司馬公子卬皆昭公之黨也司馬握節以死故書以官司城蕩意

諸來奔效節於府人而出公以其官逆之皆復之亦
書以官皆貴之也
諸侯殺大夫相赴告必以其罪若衛殺孔達曰寡
君有不令之臣達構我敝邑于大國既伏其罪矣
敢告此諸國告殺大夫之辭也未有言其美者其
有罪無罪則經以義正之傳論經每言從赴告司
馬審以握節為美必非赴告所言經何從知之耶
司城效節而出豈大夫出奔者皆竊其節以逃而

春秋左傳讞

獨意諸能效之事以周官考之惟守邦國都鄙及出使有節六卿之居官者未聞其有節也則司馬司城何節之云此蓋傳不知宋有六卿自當書官而妄為之說其言公以官逆之皆復之亦書以官者經之予奪豈不在其人而徒從公所行為正乎

九年春

公子遂會晉人宋人衛人許人救鄭

公子遂會晉趙盾宋華耦衛孔達許大夫救鄭不及

楚師卿不書緩也以懲不恪

楚人以三月伐鄭經繼書公子遂會晉人宋人衛人許人救鄭下言秋狄侵齊則諸國之救皆在一月之内計鄭以伐告五國會師而往未可謂之後設楚方來伐聞五國來救而退亦豈可以不及楚師罪之此皆誤以人爲貶卿者也

秦人來歸僖公成風之襚

秦人來歸僖公成風之襚禮也諸侯相弔賀也雖不

春秋左傳講

當事苟有禮焉書也以無忘舊好

諸侯書葬不書賵襚常事且不足言也夫人則雖葬亦不書矣前惠公仲子及成風見賵含雖天王亦書以其為妾母也故今秦人歸襚雖事在九年之秋亦書且以著其非夫人以見正爾傳誤分僖公成風為兩人故皆以不當事言之而以不忘舊好為禮僖公以（與）秦穆公本未嘗通翟泉之盟大夫之會爾且贈死不及尸弔生不及哀傳固以為非

禮今不當事乃以為禮乎

十年

及蘇子盟于女栗

秋七月及蘇子盟于女栗頃王立故也

蘇子王臣也頃王新立若欲修好於諸侯何獨與魯盟乎其言及蓋内為志此乃公内交蘇子而竊與之盟爾故没公以示貶凡與諸侯大夫微者盟則没公以殺恥私與王大夫盟則没公以示貶

十有一年

狄侵齊

冬十月甲午叔孫得臣敗狄于鹹

鄋瞞侵齊遂伐我公卜使叔孫得臣追之吉侯叔夏御莊叔緜房甥為右富父終甥駟乘冬十月甲午敗狄于鹹獲長狄僑如富父終甥摏其喉以戈殺之埋其首於子駒之門以命宣伯初宋武公之世鄋瞞伐宋司徒皇父帥師禦之耏班御皇父充石公子穀甥

為右司寇牛父駟乘以敗狄于長丘獲長狄緣斯皇
父之二子死焉宋公於是以門賞耏班使食其征謂
之耏門晉之滅潞也獲僑如之弟焚如齊襄公之二
年鄋瞞伐齊齊王子成父獲其弟榮如埋其首於周
首之北門衛人獲其季弟簡如鄋瞞由是遂亡
經書狄侵齊敗狄于鹹不言其為長狄凡傳所記
鄋瞞緣斯僑如焚如榮如簡如事皆不可據且其
言衛人獲簡如鄋瞞由是遂亡而國語載孔子對

吴使者之辭曰周為長狄今為大夫則孔子時長狄之種尚存要之兩書皆妄當依經為狄而已

十有二年春王正月郕伯來奔

十二年春郕伯卒郕人立君大子以夫鍾與郕邽來奔公以諸侯逆之非禮也故書曰郕伯來奔不書地尊諸侯也

春秋正名郕大子實未嘗立安可因公以諸侯逆之遂書郕伯又況竊地而來乎且傳既以郕伯非

諸侯而以諸侯逆之爲非禮矣則竊地何以復言

尊諸侯不書此自相伐也

季孫行父帥師城諸及鄆

城諸及鄆書時也

土功得其時不書此在冬十月晉人秦人戰于河

曲之後雖爲得時以其畏齊行父帥師併城二邑

所以書爾

十有四年

春秋左傳識

冬单伯如齊齊人執單伯

齊人執子叔姬

襄仲使告于王請以王寵求昭姬于齊曰殺其子焉用其母請受而罪之冬單伯如齊請子叔姬齊人執之又執子叔姬

據此即單伯為王臣而商人為執天子之使矣戎伐凡伯以歸猶不言執變其文曰以歸豈齊中國執天子之使反無異文而與齊人執鄭詹同辭乎

單伯蓋魯之孤，公羊穀梁之言是也。故後書單伯至自齊。不然，王臣魯何以書至？所謂殺其子焉用其母，請受而罪之，比魯人請齊之辭，非王人請齊之辭也。

十有五年春

三月，宋司馬華孫來盟。

三月，宋華耦來盟，其官皆從之。書曰宋司馬華孫，貴之也。

禮君行師從卿行旅從諸侯與其卿大夫邦交固
有常儀矣華耦其官皆從使卿之禮當然此乃常
事何足以為貴使非其禮而擅以其官從正當見
貶又何以貴之乎此亦傳不知宋卿自當書官爾
其復書氏蓋自以襄夫人之黨貶識已見穀梁
諸侯相聘使介有常不聞官皆從也以此為貴豈
春秋之意哉

夏曹伯來朝

夏曹伯來朝禮也諸侯五年再相朝以修王命古之制也

諸侯世相朝吾固言其非矣此乃叔向所謂明王之制諸侯歲聘以志業間朝以講禮再朝而會以示威者蓋霸主之令以為古制非也

冬十有一月諸侯盟于亳

冬十一月晉侯宋公衛侯蔡侯陳侯鄭伯許男曹伯盟于亳尋新城之盟且謀伐齊也齊人賂晉侯故不

克而還于是有齊難是以公不會書曰諸侯盟于扈
無能為故也凡諸侯會公不與不書諱君惡也與而
不書後也
凡諸侯盟書而不序皆以不足序見貶城緣陵與
此兩盟于扈一會于扈是也各以其事考之可見
此言齊人賂晉侯故不克而還書曰諸侯盟于扈
無能為故也其說是矣何用復書諸侯會而公不
與與公與而後至兩例乎若然是一不會而為說

者三則何以別且諸侯會而公不與見於經者多何以獨此三會盟而諱爲有齊難而不會非無故而棄諸侯之好亦何以遽爲君惡凡此皆左氏不傳經雖偶聞之而不能必是以參用所傳而倖其或中也

十有二月齊人來歸子叔姬

齊人來歸子叔姬王故也

非也說已見前

春秋左傳讀

十有六年

冬十有一月宋人弑其君杵臼

書曰宋人弑其君杵臼君無道也文公即位使母弟須為司城華耦卒而使蕩虺為司馬

據傳例凡弑君稱君君無道也稱臣臣之罪也杜預謂稱君者書君之名稱臣者書弑者之名則凡稱國稱人不言臣名者皆君無道也故於此復以杵臼發之然據傳所書公子鮑禮於國人竭其粟

而貸之乃以私惠結民而傾其君襄夫人欲通鮑不可而佐之施國人奉鮑以因夫人已而夫人遂使公田卒殺之則昭公未見其無道其罪在鮑與夫人豈可不名鮑而稱宋人反以昭公受惡哉此蓋傳不知稱人為微者弒君之辭而妄為之說

十有七年春

十七年春晉荀林父衛孔達陳公孫寧鄭石楚伐宋討曰何故弒君猶立文公而還卿不書失其所也

推傳意謂林父等不能討昭公之賊故以為失其所經皆貶而書人然齊崔杼弒莊公經書公會晉侯而下十一國于夷儀傳言欲伐齊以報朝歌之役齊人以莊公說且自六正至于處守者皆有賂晉侯許之經猶歷序諸侯而不貶則昭公既無道宋獨不可以衆弒為辭以自免而經反貶林父等乎其輕重為不倫矣若使四國以微者行則何以為貶由此言之四國之稱人實為（微）者也

諸侯會于扈

晉侯蒐于黄父遂復合諸侯于扈平宋也公不與會

齊難故也書曰諸侯無功也

非也説已見前其曰諸侯無功者是也

十有八年

秋公子遂叔孫得臣如齊

秋襄仲莊叔如齊惠公立故且拜葬也

經書公子遂叔孫得臣如齊前未有兩使並書者

惟此與定六年書季孫斯仲孫何忌如晉兩見耳遂害為賀惠公立得臣為謝齊來會葬自當各書不應併而為一穀梁以為不正其同倫而相介故列數之者幾是矣然不見其事亦非相介也正以請宣公之事為重故以兩卿並行猶陽虎之以季孫斯仲孫何忌請於齊也

冬十月子卒

冬十月仲殺惡及視而立宣公書曰子卒諱之也

杜預以爲魯人諱弑以未成君書之此蓋不知未踰年不稱君之法乃疑先君既葬而不稱君稱君豈在葬不葬乎推傳意似謂書卒不書弑爲諱如隐公書薨若是則幾矣

夫人姜氏歸于齊

夫人姜氏歸于齊大歸也將行哭而過市曰天乎仲爲不道殺適立庶市人皆哭魯人謂之哀姜

大歸謂出也哀姜夫死子弑不安於魯而歸父母

春秋左傳讀

之家不得為出凡出皆有罪者也傳既不察此故
後復為例曰夫人歸寧曰如某出曰歸于某哀姜
誤之也魯無出夫人自不必立例

莒弒其君庶其

莒紀公生大子僕又生季佗愛季佗而黜僕且多行
無禮于國僕因國人以弒紀公以其寶玉來奔納諸
宣公
如傳所言則僕為以子弒父何為不與齊公子商

人同書而反從君無道之例没其名而以國弒手所謂紀公多行無禮於國僕因國人以弒者蓋欲遷就其說紀公審為無道然舍子弒父之罪而正君之無道非春秋之法也凡傳記事因其說而誣以事者類如此然則紀公以國弒固無道者然非僕所弒也

戊午十一月廿七日校

春秋左傳讞

春秋左傳讞卷三

春秋左傳讞

卷四至卷六

春秋左傳讞

卷四

宣公

宋　葉夢得　撰

元年春

公子遂如齊逆女

元年春王正月公子遂如齊逆女尊君命也

三命之大夫未有不氏者遂氏公子久矣何獨於

春秋左傳讀

此為尊君命乎蓋不傳知一事再見卒名之例但見後書逆以夫人婦姜至自齊妄以為尊夫人故於此復為之説於成十四年叔孫僑如事亦然而復著春秋之稱其不知經可以類推矣不然晉之人執季孫意如而後書意如至自晉晉人執叔孫諸婼而後書婼至自晉亦何所尊而稱族舍族乎

宋人之弒昭公也晉荀林父以諸侯之師伐宋宋及晉平宋文公受盟于晉又會諸侯于扈將為魯討齊

皆取賂而還鄭穆公曰晉不足與也遂受盟于楚

按文十七年春經書晉人衛人陳人鄭人伐宋不言盟安得謂宋及晉平宋文公受盟于晉六月公及齊侯盟于穀諸侯會于扈傳曰晉侯蒐于黄父遂復合諸侯于扈平宋也公不與會齊難故也則又安得為魯討齊二說皆自相伐據十五年晉侯會宋公衛侯蔡侯陳侯鄭伯許男曹伯盟于扈尋新城之盟且謀伐齊齊人賂晉侯故不克而還此在

春秋左傳説

齊人侵我西鄙之後為魯討齊當是此盟而傳誤
以為此會其記事顛錯類如此

二月

秋九月乙丑晉趙盾弒其君夷皋

乙丑趙穿攻靈公于桃園宣子未出山而復太史書
曰趙盾弒其君以示于朝宣子曰不然對曰子為正
卿亡不越境反不討賊非子而誰宣子嗚呼曰我之
懷矣自貽伊戚其我之謂矣孔子曰董狐古之良史

也書法不隱趙宣子古之良大夫也為法受惡惜也
越境乃免宣子逆使趙穿逆公子黑臀于周而立之壬
申朝于武宮

趙盾非實弒君也者以其反不討賊太史加之耳
穀梁記董狐之言曰子為正卿入諫不聽出亡不
遠君弒反不討賊則志同志同則書重非子而誰
此蓋原其志之誅也今直以亡不越竟反不討賊
曰非子而誰則是乃正弒君者傳蓋得其說而不

盡也其載孔子之言謂董狐為書法不隱可矣既加盾以弑以為萬世之訓豈得以其為法受惡復稱良大夫乎其言越竟乃免尤不然所以責盾者在討賊不討賊不以竟以為限使盾越竟而復不能討賊則遂可免乎若言遂亡而不反則無所畏責此亦因上亡不越竟之辭不察孔子之意而誤記之也

四年

夏六月乙酉鄭公子歸生弑其君夷

楚人獻黿于鄭靈公公子宋與子家將見子公之食指動以示子家曰他日我如此必嘗異味及入宰夫將解黿相視而笑公問之子家以告及食大夫黿召子公而弗與也子公怒染指于鼎嘗之而出公怒欲殺子公子公與子家謀先子家曰畜老猶憚殺之而況君乎反譖子家子家懼而從之夏弑靈公書曰鄭公子歸生弑其君夷權不足也君子曰仁而不武無

春秋左傳說

能達也

公子宋得子家而後成其弒書宋則歸生之罪不見書歸生則宋本弒君者固無所逃矣若但責歸生權不足而不及宋則宋之罪豈以歸生而免哉

五年

夏公至自齊

夏公至自齊書過也

公出而書至此自常法既別無異文何以見其書

過宣公本以濟西之賂為齊所立傳以為齊侯新立欲親魯而許公子遂之請止公者執公也於是别未有隙不應為大夫求婚而遽執公此事亦不足據

冬齊高固及子姬叔來

冬來反馬也

反馬于禮無見正使三月廟見歸其送馬自應遣使高固與子叔姬俱來則何以謂之反馬

七年

夏公會齊侯伐萊

夏公會齊侯伐萊不與謀也凡師出與謀曰及不與謀曰會

伯主徵兵于諸侯而相與應命不過曰以某事討某人此即謀也何與不與之有使不與謀則何名為會乎凡言會者以會禮合諸侯也此蓋與會盟及盟同義左氏既不得於盟故併伐失之而妄為

此義

冬公會晉侯宋公衛侯鄭伯曹伯于黑壤

盟于黑壤王叔桓公臨之以謀不睦晉侯之立也公不朝焉又不使大夫聘晉人止公于會盟于黄父公不與盟以賂免故黑壤之盟不書諱之也

諸侯會盟而王臣臨之者多矣未有不書柯陵雞澤平丘是也唯蔡丘之盟宰周公不與則復出諸侯盟于葵丘此會王叔桓公果在焉何以不書乎

既已無據矣所謂晉侯止公而公不與故不書者尤非是誠或有之亦當如平丘書公不與盟諱（何）之云大抵經書會而傳增言盟者不一皆無所考證要之當從經也

八年

城平陽

城平陽書時也

經書城平陽在十月葬敬嬴之後周之十月夏之

八月安得為時蓋誤以夏正言之也

九年

秋取根牟

秋取根牟言易也

根牟不繫國杜預以為東夷國者是也蓋屬之以為附庸故不言滅傳拘于克邑不用師徒曰取故謂凡書取言易也不用師徒此自克邑之例爾根牟誠邑則當繫國若以為國則必勝之而后能取

春秋不傳說

於傳例凡勝國曰滅之何以不言滅乎

楚子伐鄭

楚子為厲之役故伐鄭

按經及傳前皆無厲役之事杜預以六年楚人伐鄭取成而還當之然傳本不言厲何以知其即此役十一年傳言厲之役鄭伯逃歸杜預復指前六年事皆無據特附會以成其説爾且既取成而還則何罪復伐此書在九月晉侯宋公衛侯鄭伯曹

伯會于扈之後蓋鄭既與楚成復叛而從晉故討之是以十一年辰陵之盟鄭子良曰晉楚不務德而兵爭與其來者可也乃從楚是矣傳蓋横出厲役事以相亂也

十年

夏四月

己巳齊侯元卒

齊崔氏出奔衛

春秋左傳讞

夏夏齊惠公卒崔杼有寵于惠公高國畏其偪也公

此條傳文三行應提高一字

卒卒而逐之奔衛書曰崔氏非其罪也且告以族不

以以名崔杼擧氏與書尹氏卒之義同皆譏世卿也

以下是識語應提行此誤連傳文

左氏既失之于尹氏故併杼不能分周之强宗莫

大于尹氏固不一矣然詩有言文武吉甫者有言

尹氏太師者豈賢者則别之以見名不賢者則但

識其族歟尹氏崔氏其初告之辭亦必以名氏并

見矣春秋因之以譏世卿故去名而但見氏左氏

求其説而不得但以高國盡逐其族遂以為告以族而不名若以為不當然故春秋錄之以為非其罪其失之遠矣詩言尹氏太師此周人之辭也不名自可知其人矣杼乃告魯之辭若不名則安知其為誰乎不知經之弊至于如此且欒盈左氏亦以為以其族奔晉必亦以盈告而言其族矣經何以不書欒氏盈之罪未至如杼復入而弒君故告一也罪在族則去名而舉族罪在人則去族而舉

春秋左傳讀

名此非左氏之所知也

秋天王使王季子來聘

秋劉康公來報聘

劉康公杜預以為王季子其後食采於劉蓋據公子譜言然其釋經書天王使王季子來聘復引以為天王之母弟字季子然公子譜言劉康公為頃王之子定王之弟王之弟不知其何據疑以左氏稱劉康公而公羊稱天王之母弟故参取之云爾

然而天子之例稱王子，如諸侯之稱公子。王子朝是也。親言之則舉重而以屬道，天王殺其弟佞夫是也。傳例凡稱弟皆母弟，王季之審爲定王母弟何不書天王使其弟某來聘，如齊侯使其弟年來聘而舉字乎？季與子皆字也。言季則不得言子，言子則不得言季。經有以字爲褒者矣，未有以字爲貴者也。正使得稱字，亦不得冠王。王者繫子之稱，非繫字之稱，以外傳考之，定王八年即宣公之十年與左氏合王季子周劉康公也然不得為頃王之子季者少也季子猶言少子蓋譏王以幼弱任大夫之事則劉康公當為定王之子非頃王之子方聘魯時未為卿士故經特書以見譏也

十有一年

冬十月楚人殺陳夏徵舒

丁亥楚子入陳

納公孫寧儀行父于陳

冬楚子為陳夏氏亂故伐陳謂陳人無動將討于少
西氏遂入陳殺夏徵舒轘諸栗門因縣陳陳侯在晉
申叔時使於齊反復命而退王使讓之曰夏徵舒為
不道弒其君寡人以諸侯討而戮之諸侯縣公皆慶
寡人獨不慶寡人何故對曰猶可辭乎王曰可哉
曰夏徵舒弒其君其罪大矣討而戮之君之義也抑
人亦有言曰牽牛以蹊人之田而奪之牛牽牛以蹊
者信有罪矣而奪之牛罰已重矣諸侯之從也曰討

有罪也今縣陳貪其富也以討召諸侯而以貪歸之無乃不可乎王曰善哉吾未之聞也反之可乎對曰可哉吾儕小人所謂取諸其懷而與之也乃復封陳鄉取一人焉以歸謂之夏州故書曰楚子入陳納公孫寧儀行父于陳書有禮也

經書十月楚人殺陳夏徵舒丁亥楚子入陳入陳在殺徵舒之後今此言入陳殺夏徵舒則先後正相反矣蓋楚子以徵舒故伐陳雖入其國而殺徵

舒以正其罪與蔡人殺陳佗者同故與之以討賊之辭而不言入及其欲縣陳則因以利之是所謂貪其富者則亦入陳而已故正其入陳春秋功罪不相掩猶柏舉之戰吳子始得稱爵及入郢亂男女之別則以夷言之曰入郢楚事先後雖不同而其義則一左氏不知此是以違經而妄變其序也按徵舒弒靈公之明年經書夏楚子陳侯鄭伯盟于辰陵則成陳公固已君矣至十月而楚入陳中

春秋三傳讞 春秋左傳讞 卷四

春秋左傳讀

閒陳公未嘗出奔則安得爲在晉乎今叔時之言謂諸侯之從據此但楚入陳無他諸侯則其言謬可知矣此蓋傳妄信嘗欲縣陳之說故謂成公先奔爾楚莊王賢君也辰陵之盟成公在焉是必嘗請於楚以討徵舒故使公孫寧儀父行亦得伸其志則何懼而奔縣陳及欲納夏姬事皆不足據公孫寧儀行父同君子惡者也義不得納以其能請於楚而討徵舒故特以納許之凡經書納者皆與

之辭何禮之云

十有二年

夏六月乙卯晉荀林父帥師及楚子戰于邲晉師敗績

乙卯王乘左廣以逐趙旃趙旃棄車而走林屈蕩搏之得其甲裳晉人懼二子之怒楚師也使軘車逆之潘黨望其塵使騁而告曰晉師至矣楚人亦懼王之入晉軍也遂出陳孫叔曰進之寧我薄人無人薄我詩云元戎十乘以先啟行先人也軍志曰先人有奪

聞陳公未嘗出奔則安得為在晉乎今叔時之言
謂諸侯之從據此但楚入陳無他諸侯則其言謬
可知矣此蓋傳妄信嘗欲縣陳之說故謂成公先
奔爾楚莊王賢君也辰陵之盟成公在焉是必嘗
請於楚以討徵舒故使公孫寧儀父行亦得伸其
志則何懼而奔縣陳及欲納夏姬事皆不足據公
孫寧儀行父同君子惡者也義不得納以其能請
於楚而討徵舒故特以納許之凡經書納者皆與

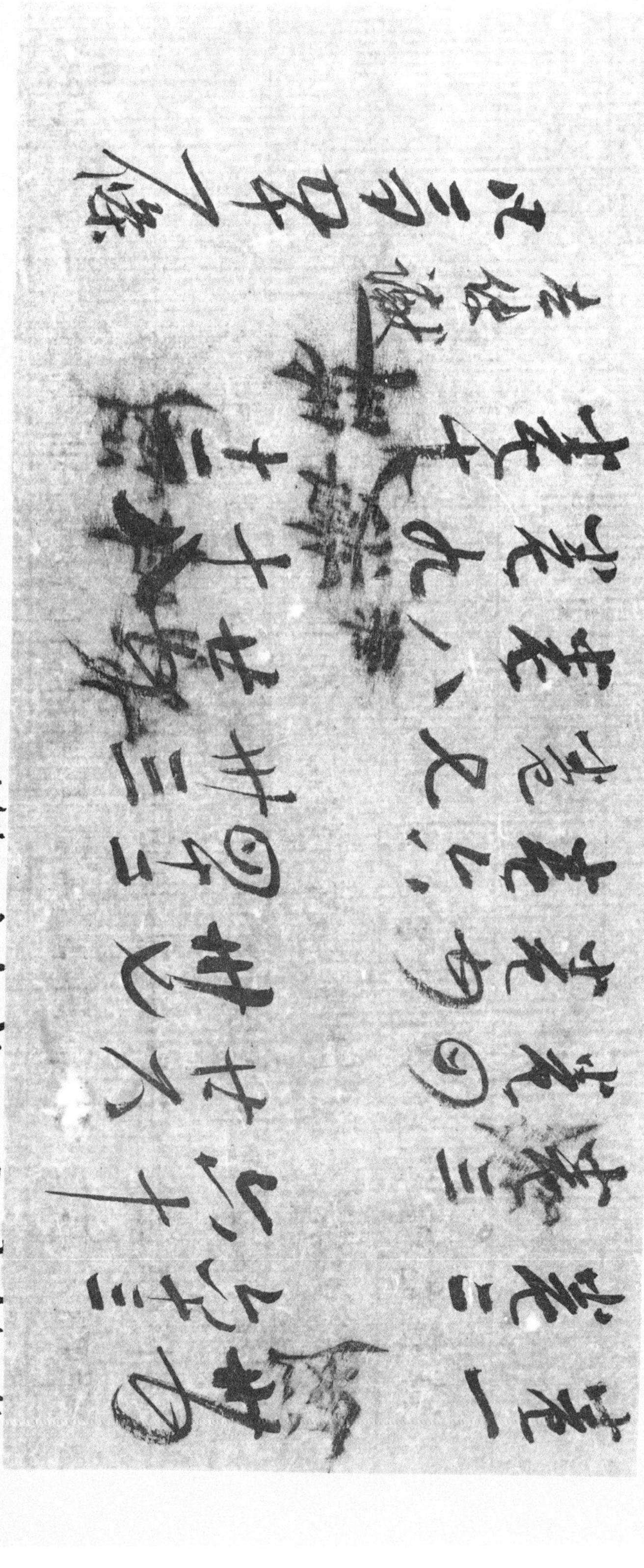

詩云元戎十乘以先啟行先人也軍志曰先人有奪

□秋三傳讞　卷四　十三

[illegible]

間陳公未嘗出奔則安得為在晉乎今叔時之言
謂諸侯之從據此但楚入陳無他諸侯則其言謬
可知矣此蓋傳妄信嘗欲縣陳之說故謂成公先
奔爾楚莊王賢君也辰陵之盟成公在焉是必嘗
請於楚以討徵舒故使公孫寧儀父行亦得伸其
志則何懼而奔縣陳及欲納夏姬事皆不足據公
孫寧儀行父同君子惡者也義不得納以其能請
於楚而討徵舒故特以納許之凡經書納者皆與

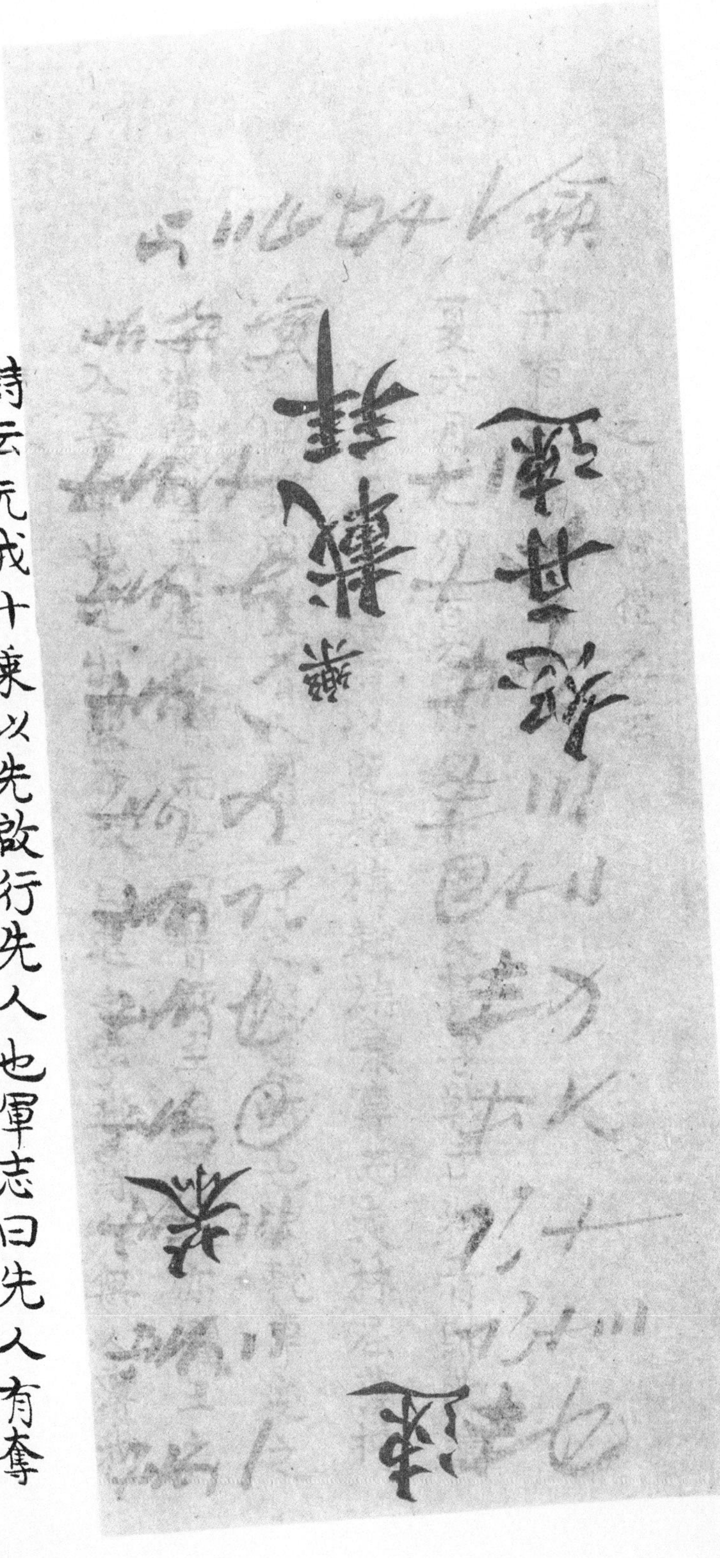

詩云元戎十乘以先啟行先人也軍志曰先人有奪

卷四　十三

春秋左傳讀

閒陳公未嘗出奔則安得為在晉乎今叔時之言謂諸侯之從據此但楚入陳無他諸侯則其言謬可知矣此蓋傳妄信嘗欲縣陳之說故謂成公先奔爾楚莊王賢君也辰陵之盟成公在焉是必嘗請於楚以討徵舒故使公孫寧儀父行亦得伸其志則何懼而奔縣陳及欲納夏姬事皆不足據公孫寧儀行父同君子惡者也義不得納以其能請於楚而討徵舒故特以納許之凡經書納者皆與

之辭何禮之云

十有二年

春秋左傳讞
以第一冊[illegible]
以第二冊[illegible]
以第三冊[illegible]

詩云元戎十乘以先啟行先人也軍志曰先人有奪

卷四　十三

春秋左傳讀

人之心薄之也遂疾進師車馳卒奔乘晉軍桓子不知所為鼓于軍中曰先濟者有賞中軍下軍爭舟舟中之指可掬也

據傳例皆陳曰戰未陳曰敗某師經書晉荀林父帥師及楚子戰于邲晉師敗績此皆陳也今傳所記乃因楚子逐趙旃趙旃棄車而走晉人以軘車逆旃楚人誤以為晉師至遂出陳進師車馳卒奔以乘晉師荀林父不知所為而敗正所為未陳者

得經書戰爭與其例自相違矣傳載邲戰事其辭太

靡此皆晉楚二史各記勝敗龐雜之言未必皆實而

不能辨也

此三行應依前低一字

晉人宋人衛人曹人同盟于清丘

晉原縠宋華椒衛孔達曹人同盟于清丘曰恤病討

貳于是卿不書不實其言也宋為盟故伐陳衛人救

之孔達曰先君有約言焉若大國討我則死之

諸侯及大夫盟而後不能守者固不一也未嘗皆

貶何獨于清丘而責不實信乎杜預謂宋伐陳衛救之為不討貳楚伐宋晉不救為不恤病然而亳城北之盟晉侯宋公衛侯曹伯齊世子光莒子邾滕子薛伯小邾子皆在焉其載書亦曰救災患恤禍亂然而冬秦人伐晉明年楚公子貞侵宋諸侯皆未有救之者亦可為不寔救災患卹禍亂之言矣諸侯何以復序而不貶且是歲宋以盟故以陳貳於楚而伐陳可謂討貳矣則宋為無罪華椒何

以亦書人傳于明年楚子伐宋復言君子曰清邱之盟唯宋可以免焉蓋自知其相戾故復爲記以救之然而君子以爲可免而春秋不免吾不知其說也杜預強爲之辭言華椒承羣僞之言以誤其國宋雖有守信之善而椒猶不免譏傳嫌華椒之罪累及其國故曰唯宋可免夫大夫將君而命出衰貶即其國之事安有與國爲二者其附會尤可見蓋不知貶大夫同盟之始也

春秋左傳讀

十有三年

夏楚子伐宋、

夏楚子伐宋以其救蕭也君子曰清邱之盟唯宋可以免焉

救蕭之役在清邱前若以是免宋則是時華椒猶未受盟若以宋見伐於楚而諸侯不救因以免宋則此罪在諸侯宋若無伐陳討貳之事安可以諸侯之罪而得免謂之君子之言亦非矣此傳急於

光華椒之說以爲之辭而不悟也

清邱之盟晉以衛之救陳也討焉使人弗去曰罪無所歸將加而師孔達曰苟利社稷請以我說罪我之由我則為政而亢大國之討將以誰任則我死之明年衛殺孔達則晉之討也晉雖不救家不能討衛功罪蓋相半不可謂全不寔其言者益知前說之妄也

十有四年春衛殺其大夫孔達

春秋左傳讀

十四年春孔達縊而死衛人以說于晉而免

說見前

十五有年

六月癸卯晉師滅赤狄潞氏以潞子嬰兒歸

潞子嬰兒之夫人晉景公之姊也酆舒為政而殺之

又傷潞子之目晉侯將伐之諸大夫皆曰不可酆舒

有三儁才不如待後之人伯宗曰必伐之狄有五罪

儁才雖多何補焉不祀一也耆酒二也棄仲章而奪

黎氏地三也虐我伯姬四也傷其君目五也怙其儁
才而不以茂德茲益罪也後之人或者將敬奉德義
以事神人而申固其命若之何待之不討有罪曰將
待後〻有辭而討焉毋乃不可乎夫恃才與衆亡之
道也商紂由之故滅天反時為災地反物為妖民反
物為亂亂則妖災生故文反正為乏盡在狄矣晉侯
從之六月癸卯晉荀林父敗赤狄于曲梁辛亥滅潞
酆舒奔衛〻人歸諸晉晉人殺之

赤狄狄之總名也其別為潞氏及甲氏留吁見於經者自三種各以其別言之故皆冠以赤狄今乃先言敗赤狄而後言滅潞別而為二其義不可解意或以參見謂赤狄即潞潞即赤狄如夫人名氏與爵謚參書者要之赤狄非止潞也

王札子殺召伯毛伯

王孫蘇與召氏毛氏爭政使王子捷殺召戴公及毛伯衛卒立召襄

應低一字

王子捷杜預以為王札子不言子札傳文倒札字非也公羊以為長庶之號亦非是唯穀梁以為當上之辭者近之穀梁謂大夫兩下相殺不志乎春秋今春秋見書者三陳侯之弟招殺陳世子偃師此自以親責之也若楚公子棄疾殺公子比與此穀梁皆以為當上之辭當上者謂專殺臣而任其君之事者也故曰矯君命而殺之非忿怒相殺也楚比非實弒其君者不可以討賊之辭加之故言

春秋左傳讞

公子棄疾者以公子棄疾當上也召伯毛伯非得罪於君者不可以君殺大夫之辭加之言王札子者以王札子當上也棄疾不言楚人以其與蔡人殺陳佗者異故不變文而王札子言王子札則與王子虎王子朝同疑其為兩下相殺故特變文加名於子之上見其親貴如晉卓子衛伋子壽子云爾此穀梁之意而經之義也今謂王孫蘇與召氏毛氏爭政使札子殺之札子為之殺而復立召伯

之子襄使權不在札子不足以任其君之事失經
意遠矣此蓋不知札子變文之義也

冬螽生

冬螽生饑幸之也

傳例凡物不為災不書今謂螽生於冬不為災以
幸而書則他何以不書乎螽者蝗子之入地而未
成者也凡經書螽者十其四書秋其四別書在八
月九月十月唯哀兩見於十二月秋者夏之五月

春秋本例論

六月七月與書八月九月者同而十月者夏之八月此皆為埸穀未登而害稼以災書也十二月者夏之十月雖害稼然當蟄而未蟄以見司歷之過若蝝以冬生在夏八月九月十月之間則與前十月十二月書冬者同以見螽雖蟄而蝝之在地者復出歷三月並見在八月則害稼而為災在九月十月則雖不害稼而為異合災異而兩書之故變文曰蝝生而經書饑不於秋螽之後而於冬蝝生之

後則蝝之為災可見矣此傳誤以夏正言冬冬謂場
穀已登不為災求其說而不得是以謂之幸也

十有六年

夏成周宣榭火

夏成周宣榭火人火之也凡火人火曰火天火曰災
公羊穀梁皆以為火災當從二氏作災左氏不傳
經之誤也何以知之經未有書火者人火有為之
者亦不可勝記故不書天火以天事為重故書則

此何獨書乎傳以為人火曰火天火曰災則是不知經之義是以承文之誤而不能辨也

十有七年

冬十有一月壬午公弟叔肸卒

冬公弟叔肸卒公母弟也凡大子之母弟公在曰公子不在曰弟凡稱弟皆母弟也

太子之母弟公在雖太子猶繫公稱子豈有母弟而稱太子弟之理乎自不必為此例其曰凡稱弟

皆母弟是矣然或襃或貶必有見焉如齊侯使其弟年來聘陳侯之弟黃奔楚之類然後以重書叔肸書弟蓋以其賢穀梁嘗言之矣傳不得其事故但從母弟之例不然季友亦莊公之母弟何以止稱公子友如陳哉

十有八年

夏公使如楚乞師欲以伐齊

僖以公子遂如楚乞師書則此安得不書且魯前此

春秋左傳謂
與齊未有隙何為而欲伐齊杜預謂公不事齊齊
與晉盟故懼而乞師于楚此皆求其說不得而妄
為之辭也按成二年六月傳言臧宣叔如晉乞師
蓋謂是年春齊侯伐我北鄙故爾齊晉相與盟魯
懼而為之備可矣何遽乞師於人而伐之乎傳誤
也

秋七月邾人戕鄫子于鄫

秋邾人戕鄫子于鄫凡自虐其君曰弒自外曰戕

戕者辨殺之名非辨弒之名不應以内外為別自
虐其君以君而言不可槩曰殺故變其名謂之弒
自外虐人之君不以君言則何害其言殺哉内必
曰弒盜殺蔡侯申何以不言弒外必曰戕楚子誘
蔡侯般殺之何以不言戕戕者賊而殺之是也

春秋左傳讞

春秋左傳讞卷四

春秋左傳讞

宋　葉夢得　撰

卷五

成公

二年

楚之討陳夏氏也莊王欲納夏姬申公巫臣曰不可君召諸侯以討罪也今納夏姬貪其色也貪色為淫淫為大罸周公曰明德慎罸文王所以造周也明德

春秋本傳讀

務崇之之謂也慎罰務去之之謂也若與諸侯以取大罰非慎之也君其圖之王乃止

楚莊王賢君也以夏徵舒之惡罰而殺之經與之以討賊之亂豈有復納夏姬者乎至言君召諸侯以討罪按經但書楚人殺夏徵舒楚子入陳諸侯無在焉何召之有則莊王之納巫臣之諫皆無實也

冬楚師鄭師侵衛

十有一月公會楚公子嬰齊于蜀

丙申公及楚人秦人宋人陳人衛人鄭人齊人曹人邾人薛人鄫人盟于蜀。

宣公使求好于楚莊王卒宣公薨不克作好公即位受盟于晉會晉伐齊衛人不行使于楚而亦受盟于晉從於伐齊故楚令尹子重為陽橋之役以救齊將起師子重曰君弱羣臣不如先大夫師衆而後可詩曰濟濟多士文王以寧夫文王猶用衆況吾儕乎且

春秋左傳詁

先君莊王屬之曰無德以及遠方莫如惠恤其民而善用之乃大户已責逮鰥救乏赦罪悉師王卒盡行彭名御戎蔡景公為左許靈公為右二君弱皆强冠之冬楚師侵衛遂侵我師于蜀使臧孫往辭曰楚遠而久固將退矣無功而受名臣不敢楚侵及陽橋孟孫請往賂之以執斵執鍼織紝皆百人公衡為質以請盟楚人許平十一月公及楚公子嬰齊蔡侯許男秦右大夫説宋華元陳公孫寧衛孫良夫鄭公子去

疾及齊國之大夫盟于蜀卿不書匱盟也于是乎畏
晉而竊與楚盟故曰匱盟
經先書楚師鄭師侵衛繼書公會嬰齊于蜀而後
書公與楚及諸國人盟會與盟自兩事蜀魯地也
使楚果嘗侵我入其境經何為而不書乎傳乃謂
因楚侵我我以賂請盟楚人許之乃盟誤合會與
盟為一事妄矣且盟者十一國魯畏侵而請盟何
與他國之事而十一國之大夫亦豈能卒然並集

春秋左傳說

于魯哉蓋是時楚莊王卒共王初立而弱嬰齊欲以威脅中國悉率王卒而行因侵衛之師召諸國而盟之魯欲附楚故公即其地先會以為好爾經惡楚强諸大夫靡然從之故皆貶而稱人謂之畏晉而竊與楚盟亦非是何以知諸國書人為大夫以嬰齊在焉而稱楚人則諸國之人固皆大夫也

三年春王正月公會晉侯宋公衛侯曹伯伐鄭

二月公至自伐鄭

三年春諸侯伐鄭次于伯牛討邲之役也遂東侵鄭鄭公子偃帥師禦之使東鄙覆諸鄤敗諸丘輿皇戌如楚獻捷

邲之役在宣十二年晉本以救鄭而師自敗非鄭之罪也蓋晉敗而鄭復從楚故十四年書晉侯伐鄭傳曰為邲故也安有更七年而復討乎此蓋為二年冬楚師鄭師侵衛故爾非討邲也傳例有鐘鼓曰伐無曰侵今經但書伐鄭而已而傳言東侵

春秋左傳讀

鄭安有已聲鐘鼓言伐而復侵之者乎

秋叔孫僑如帥師圍棘

秋叔孫僑如圍棘取汶陽之田棘不服故圍之以棘為汶陽之邑公羊亦云然始賂齊者以田而已邑不與焉今田復歸我而我取之邑何為而不服哉詳左氏意魯取汶陽之田棘不服故圍之蓋謂汶陽為棘田齊歸我田不歸我邑故汶陽不服而僑如圍棘以其圍我舊邑故得與內邑同見圍

然而經書取汶陽田在二年明年始圍棘夫言取則既得之矣何為復圍棘哉其寔齊初但侵我汶陽之田而已棘猶在也汶陽田既歸我而邑別自叛爾者初不相干故三年但見圍棘如圍費圍郈圍成爾

冬十有一月晉侯使荀庚來聘

衛侯使孫良夫來聘

丙午及荀庚盟丁未及孫良夫盟

冬十一月晉侯使荀庚來聘且尋盟衛侯使孫良夫來聘且尋盟公問諸臧宣叔曰中行伯之於晉也其位在三孫子之于衛也位為上卿將誰先對曰次國之上卿當大國之中中當其下下當其上大夫小國之上卿當大國之下卿中當其上大夫下當其下大夫上下如是古之制也衛在晉不得為次國晉為盟主其將先之丙午盟晉丁未盟衛禮也

聘一事也盟一事也諸侯大夫未有以二事出者

審寔使之來聘因以尋盟則當如天王使祭叔歸含且賵書來聘且盟今聘事既畢而復書盟豈以兩事並出者乎經之例一事而再見者卒名之非一事雖晉侯侵曹晉侯伐衛猶各書今荀庚孫良夫皆不繫國非再見而畧之貶其專也且自公即位惟晉嘗為赤棘之盟而衛盟于蜀自主于楚何尋之云安得為禮或曰及國佐盟于袁婁亦不繫齊何以為中無事而不為貶乎此連鞌戰之役將

春秋左傳讞

在軍中盟所得專也

六年春

二月辛巳立武宮

二月季文子以鞌之功立武宮非禮也聽于人以救其難不可以立武立武由己非由人也

武宮武公之宮也猶言立煬宮何與于立武而謂之非禮乎此蓋傳誤以潘黨勸楚子立武軍之事言之杜預知其說而以築武軍又作先君武公宮

兩言之雖巧于附會要不能救傳之誤也立煬宮
傳以為季孫意如禱于煬公逐昭公而為之立然
則武宮或由鞌之戰禱于武公而立也

取鄟

取鄟言易也

鄟杜預以為附庸國是矣而傳以取言易則非吾
嘗言之矣

衛孫良夫帥師侵宋

春秋不傳說

三月晉伯宗夏陽説衛孫良夫甯相鄭人伊雒之戎陸渾蠻氏侵宋以其辭會也師于鍼衛人不保説欲襲衛曰雖不可入多俘而歸有罪不及死伯宗曰不可衛惟信晉故師在其郊而不設備若襲之是棄信也雖多衛俘而晉無信何以求諸侯乃止師還衛人登陴

此事與經書絶不相類經書衛而不書晉如杜預言晉不告或可也二國既同侵宋何為反自相襲

乎據伯宗言衛唯信晉故師在其郊而不設備若然是晉侵宋師過衛境而欲襲之然前亦不得言晉衛侵宋傳之言首尾自相戾

冬季孫行父如晉

冬季文子如晉賀遷也

魯往賀遷則晉嘗來告矣經凡遷國未有不書如衛遷於帝邱蔡遷于州來之類何晉遷反不書乎然則行父如晉非賀遷也

八年春

宋公使華元來聘、

宋華元來聘共姬也

是時共姬猶未納幣安得為聘共姬或是因聘以

圖婚然亦不得謂之聘共姬

夏宋公使公孫壽來納幣、

夏宋公使公孫壽來納幣禮也

杜預謂納幣使卿為禮內女嫁為夫人紀伯姬杞

伯姬皆不書納幣常事故也則宋女安得獨以納幣為禮而書乎此蓋為言使者父母沒自婚之辭與紀裂繻來逆女不言使者母在母命之辭為得禮故各書以一見正爾非傳所謂禮也

晉殺其大夫趙同趙括

晉趙莊姬為趙嬰之亡故譖之於晉侯曰原屏將為亂欒郤為徵六月晉討趙同趙括武從姬氏畜于公宮以其田與祁奚韓厥言于晉侯曰成季之勳宣孟

之忠而無後爲善者其懼矣三代之令王皆數百年保天之禄夫豈無辟王賴前哲以免也周書曰不敢侮鰥寡所以明德也乃立武而反其田焉

若爾同括之死本無罪以莊姬之譖爾據傳例殺大夫無罪則不稱名故宋殺其大夫傳曰不稱名衆也且言非其罪也今同括何爲而書名此乃趙氏之强晉史從而爲之辭者傳不知此國殺大夫之義而妄信之不然晉既以讒殺之矣經遂可以

諉而寘其罪乎

冬十月癸卯杞叔姬卒

冬杞叔姬卒來歸自杞故書

女出則夫家之義已絕自不得以夫人書卒此齊子叔姬郯伯姬所以皆不書卒也杞何得獨書乎此蓋雖歸而未許之絕故明年復逆其喪以歸則固外夫人法所應書也杜預謂憫其見出來歸故書若更適大夫則不書此附會之辭也

〔春秋存俟識

衛人來媵

衛人來媵共姬禮也凡諸侯嫁女同姓媵之異姓則否

媵有不皆以同姓先儒固有言其非者矣今必以衛人晉人來媵為禮則齊人來媵又何以為禮乎杜預謂異姓非禮然則礼者亦書非禮者亦書何以為別非春秋之義也此蓋不知宋得用王禮備三媵以重書爾

九年春王正月杞伯來逆叔姬之喪以歸

九年春杞桓公來逆叔姬之喪以歸請之也杞叔姬卒為杞故也逆叔姬為我也

夫婦之道既絕則不可復合不為假也妻則不為白也毋豈可歸為魯女猶得為我而為杞伯妻乎

非知禮之言也

城中城

城中城書時也

土功時則不書蓋是時楚方伐莒莒潰楚人入鄆
我無素備畏逼而恃城以為守故雖時猶書以是
貶非謂時也

十年

五月公會晉侯齊侯宋公衛侯曹伯伐鄭
鄭公子班聞叔申之謀三月子如立公子繻夏四月
鄭人殺繻立髡頑子如奔許欒武子曰鄭人立君我
執一人焉何益不如伐鄭而歸其君以求成焉晉侯

有疾五月晉立太子州蒲以為君而會諸侯伐鄭鄭子罕賂以襄鍾子然盟于修澤子駟為質辛巳鄭伯歸

晉侯生而立其子是禪之也歷春秋未見有為此者審有之亦大事矣經可無異文以示義乎凡諸侯出奔有二君者未嘗不書名以為別今儒一晉侯也州蒲亦一晉侯也經但書公會晉侯安知其為州蒲而非儒乎蓋傳蔽於大厲之妄為晉侯先

春秋左傳讀

有疾不得會故因爲是言也

十有一年春王三月公至自晉

十一年春王三月公至自晉晉人以公爲貳于楚故

止公公請受盟而後使歸

公請受盟而後使歸則即晉可以盟矣何待歸乎

此文與晉荀庚衛孫良夫同以郤犨之專盟也當

是羅茂歸知其無貳于楚公假盟以免禍而郤犨

遂從之耳

夏季孫行父如晉

夏季文子如晉報聘且涖盟也

魯臣出從諸國盟未有不書涖盟者行父何獨不書乎杜預謂郤犫文子交盟魯晉之君其意一也故但書來盟舉重畧輕則郤犫何以既書聘又書盟而今反不以盟為重盖傳不知譏專盟之意既誤以郤犫為來盟故又以行父為往涖盟也

十有二年春周公出奔晉

十二年春王使以周公之難來告書曰周公出奔晉

凡自周無出周公自出故也

　自周無出是矣以為周公自出則非也此蓋左氏不知三公與王同体（體）之義夫既言出奔則何以別其為自出乎若然王子瑕王子朝亦周臣也而奔晉奔楚皆不言出豈可以是反謂瑕朝之正尤可見其妄矣

夏公會晉侯衛侯于瑣澤

宋華元克合晉楚之成夏五月晉士燮會楚公子罷許偃癸亥盟于宋西門之外曰凡晉楚無相加戎好惡同之同恤灾危備救凶患若有害楚則晉伐之在晉楚亦如之交贄往來道路無壅謀其不協而討不庭有渝此盟明神殛之俾隊其師無克胙國鄭伯如晉聽成會于瑣澤成故也

瑣澤之會杜預謂晉既與楚成合諸侯以申成好然經書公會晉侯衛侯于瑣澤見衛侯而不見鄭

春秋左傳讀

伯豈傳侯〔誤〕以衛侯為鄭伯與然其載宋西門之盟亦非是始九年傳言晉歸鍾儀使求成于楚十一年言華元善于令尹子重又善于欒武子聞楚既許糴茷成使歸復命故華元如楚遂如晉合晉楚之成明年遂為此盟吾謂晉誠欲與楚成既鍾儀謀之于前糴茷請之于後何與于宋而必待華元合之乎審有是盟豈瑣澤之會猶告諸侯得書西門之盟反不告諸侯而不書乎然則瑣澤自魯衛

以他事與晉為好無與于楚西門之盟未必有傳但見鄭伯嘗以貳楚執于銅鞮故謂晉楚合而聽成遂誤以衛侯為鄭伯爾此相繼言晉郤至如楚聘且涖盟冬書楚公子罷如晉聘且涖盟十二月晉侯及楚公子罷盟于赤棘晉楚之成寔在此晉愧其求成于楚故不以告是在傳之中而不悟也

秋晉人敗狄于交剛

狄人閒宋之盟以侵晉而不設備秋晉人敗狄于交

剛

傳不知中國敗夷狄與魯敗外同辭之義自拘未陳曰敗例故妄以間宋盟及不設備言之姑以成其說而非事寔也

十有三年春

三月公如京師、

三月公如京師宣伯欲賜請先使王以行人之禮礼焉孟獻子從王以為介而重賄之公及諸侯朝王遂

從劉康公成肅公會晉侯伐秦成子受脤于社不敬劉子曰吾聞之民受天地之中以生所謂命也是以有動作禮義威儀之則以定命也能者養之以福不能者敗以取禍是故君子勤禮小人盡力勤禮莫如致敬盡力莫如敦篤敬在養神篤在守業國之大事在祀與戎祀有執膰戎有受脤神之大節也今成子惰棄其命矣其不反乎

王之卿士會諸侯伐未有不書于經者二公誠行

安得不書乎杜預謂二公不書兵不加秦既言會
則便當書矣何必更問所加況後言麻隧之勝則
兵非不加秦也以礼考之脤膰之禮親兄弟之國
劉康公成肅公雖畿內諸侯然亦兄弟之國也國
有祭焉自應受脤傳不知此故妄以為會伐爾然
劉子之言亦非是脤膰皆祭祀之肉也膰以熟言
脤以腥言本不別戎祀古者以血祭祭社稷五祀
則腥也故社稷五祀之肉謂之脤以饋食享先王

則孰也故宗廟之肉謂之膰凡腥皆當為脤師行必受于社故以脤言而脤非兵祭之稱安得言戎有受脤此疑亦非劉子之言而傳附益之也

夏四月戊午晉侯使呂相絕秦曰昔逮我獻公及穆公相好戮力同心申之以盟誓重之以昏姻天禍晉國文公如齊惠公如秦無祿獻公即世穆公不忘舊德俾我惠公用能奉祀于晉又不能成大勳而為韓之師亦悔于厥心用集我文公是穆之成也文公躬

擐甲冑跋履山川踰越險阻征東之諸侯虞夏商周之胤而朝諸秦則亦既報舊德矣鄭人怒君之疆埸我文公帥諸侯及秦圍鄭秦大夫不詢于我寡君擅及鄭盟諸侯疾之將致命于秦文公恐懼綏靜諸侯秦師克還無害則是我有大造于西也無祿文公即世穆為不弔蔑死我君寡我襄公迭我殽地奸絕我好伐我保城殄滅我費滑散離我兄弟撓亂我同盟傾覆我國家我襄公未忘君之舊勳而懼社稷之隕

是以有殽之師猶顧敵罪于穆公穆公弗聽而即楚謀我天誘其衷成王隕命穆公是以不克逞志于我

伐與侵皆討罪之名其好固已絕矣不必先絕而後舉也而此辭大抵多不寔姑舉是二者言晉文公征東諸侯虞夏商周之胤而朝諸秦文公之霸但侵曹伐衛敗楚而已何虞夏商周胤之有而晉方為霸主亦未嘗朝秦也僖三十年經書晉人秦人圍鄭據傳文公自以亡過鄭不禮且貳于楚討

春秋左傳讀

之無鄭人怒秦之事且是時唯秦同伐亦安得言
帥諸侯秦伯以燭之武之言與鄭盟固非秦大夫
而謂諸侯疾之將致命于秦者前既無同伐諸侯
則此何人致命自殺之役終襄公之世秦晉用師
蓋未嘗息故秦既戰彭衙其明年又有王官之役
又明年晉復圍秦邧新城錡安得謂襄公願赦罪
于穆公手鬪克歸楚求成此自秦楚欲平其隙是
時穆公方覇非恃楚以為強者楚頵之弑何與于

秦而謂穆公是以不克逞志于我此蓋附會彭衙之敗然秦人終取晉王官及郊晉畏而不敢出則秦非不克逞志者也其言皆無據此亦戰國說士之言杜預知其非故以為晉誣秦夫豈有請于天子合諸侯之師以討人而誣其罪諸侯乃肯從乎傳亦若知其不然者故以令狐之盟及召狄與楚伐晉為晉辭若然晉直以是三事絕之固有名矣何必先加之誣凡左氏不能辨當時雜家之言每

務博取而曲成其說類若此

夏五月公自京師遂會晉侯齊侯宋公衛侯鄭伯曹伯邾人滕人伐秦

五月丁亥晉師以諸侯之師及秦師戰于麻隧秦師敗績獲秦成差及不更女父

經伐而不戰則書伐而不書戰伐而戰則書戰而不書伐惟桓書及鄭師伐宋丁未戰于宋戰伐並見蓋以別嫌非常法也今經但書伐秦審有麻隧

之勝安得反志伐而不志敗乎杜預謂經文闕漏傳文獨存此不知戰伐不並見之義妄以附傳而誣經也不更本戰國時秦爵蓋與前呂錡之辭相連皆後人之辭爾

十有四年

九月僑如以夫人婦姜氏至自齊

九月僑如以夫人婦姜氏至自齊舍族尊夫人也故君子曰春秋之稱微而顯志而晦婉而成章盡而不

汙懲惡而勸善非聖人誰能修之

稱族舍族之妄吾固言之其所載君子之辭雖傳之有自然施之于此亦非其義其于邾黑肱以濫來奔為欲蓋而名彰齊豹書盜為求名而不得皆曰春秋之稱微而顯婉而辯亦非兩書本意其辭仍詳畧不同尤以見左氏非正受經者閒聞其說而不知其孰謂是以言之每不當其處也

十有五年春

三月

癸丑公會晉侯衛侯鄭伯曹伯宋世子成齊國佐邾人同盟于戚晉侯執曹伯歸于京師

十五年春會于戚討曹成公也執而歸諸京師書曰晉侯執曹伯不及其民也凡君不道于其民諸侯討而執之則曰某人執某侯不然則否

曹負芻殺太子而篡國晉合諸侯以討執而歸之京師討罪之正孰善於此則可謂不及民而以人

春秋左傳讀

孰為重乎夫君與民孰大負芻之惡未有以見歟至書晉侯執之而後始著必以不道于君為侯執而輕不道于民為人執而重顛倒君臣之義而縱失負芻之罪豈春秋之義哉蓋傳不知以侯執為伯討以人執為非伯討之說是以輕重正相反也

宋華元出奔晉宋華元自晉歸于宋

宋殺其大夫山

宋魚石出奔楚

蕩澤弱公室殺公子肥華元曰我爲右師君臣之訓師所司也今公室卑而不能正吾罪大矣不能治官敢賴寵乎乃出奔晉二華戴族也司城莊族也六官者皆桓族也魚石將止華元魚府曰右師反必討是無桓氏也魚石曰右師苟獲反雖許之討必不敢且多大功國人與之不反懼桓氏之無祀于宋也右師討猶有戌在桓氏雖亡必偏魚石自止華元于河上請討許之乃反使華喜公孫師帥國人攻蕩氏殺子

山書曰宋殺其大夫山言背其族也魚石向為人鱗朱向帶魚府出舍于睢上華元使止之不可冬十月華元自止之不可乃反

經書華元出奔晉又書華元自晉歸于宋凡經書自某歸者皆有奉也是華元至晉以晉之奉而得歸今傳所書華元乃為魚石所止不至於晉而反則經安得書自晉歸乎此蓋不知書自之義而妄信宋史之辭以失經意杜預遷就其說乃謂華元

欲挾晉以自重故以外納告夫華元所以挾晉者將以勝國人而討亂耳何與於他國使華元寔無晉之援而徒假以赴告亦何足以爲重也　傳以蕩澤殺公子肥而謂攻蕩氏殺子山言背其族則以子山即蕩澤邪非蕩澤邪若以爲即蕩澤以背族䞓而去氏則經當書殺其大夫澤不當言山若以爲非蕩澤則安知山非蕩氏之族殺公子肥者乃山而非澤乎蓋傳不知公子非三命不氏之義

耒秋本作譌

每以稱族舍族為褒貶故或以山去族為罪然不悟其例殺大夫而名者為有罪安在其不氏也然則經見山不見澤以經為正則澤宜為山之字左氏欲以參見而誤以澤為名也凡傳書此事皆不可據其先華元之事詳於前矣其後又言殺子山而魚石向為人鱗朱向帶魚府五大夫出奔事皆不近寔為亂者蕩氏一族魚石等何與而俱奔經亦何以獨書魚石不書四子則向為人以下皆未

嘗出奔魚石既自止華元援之而歸何懼而反出以吾觀之魚石蓋與蕩山同惡蕩山既殺則魚石自不得安故其後復據彭城為亂皆無與四子事也

十有六年

鄭公子喜帥師侵宋

鄭公子罕伐宋宋將鉏樂懼敗諸汋陂退舍於夫渠不儆鄭人覆之敗諸汋陵獲將鉏樂懼宋恃勝也

春秋左傳詁

經書鄭公子喜帥師侵宋傳例伐與侵固不同則經言侵傳安得謂伐乎杜預謂經傳異文經從告傳言寔尤非是若經但從告反不若傳之寔則告有變易是非顛倒勝敗者經一皆從之褒貶予奪何足以為經附會之弊一至于此且傳謂諸侯有命告則書不然則否師出臧否亦如之古人本不諱敗若宋果嘗為鄭所覆獲其二將則宋以為恥不告可矣既不恥而來告豈敗于人而反告侵乎

經既言侵則自伐而下皆不足據

楚殺其大夫公子側

王使謂子反曰先大夫之覆師徒者君不在子無以為過不穀之罪也子反再拜稽首曰君賜臣死死且不朽臣之卒實奔臣之罪也子重使謂子反曰初隕師徒者而亦聞之矣盍圖之對曰雖微先大夫有之大夫命側〻敢不義側亡君師敢忘其死王使止之弗及而卒

經書楚殺其大夫公子側，側即子反，此君殺大夫之辭。若據傳所言，則楚子本不殺子反，而子反自殺，則經何以稱國而殺乎？呂氏春秋言荊王聞酒臭，罷師而去之，斬子反以為戮，與傳不同，而實合乎經，則傳所載未必然也。蓋欲實郤至二卿相惡之言，故欲歸子反之死于子重，而不悟其違經。

公至自會。

曹人請于晉曰自我先君宣公即世國人曰若之何

憂猶未弭而又討我寡君以亡曹國社稷之鎮公子是大泯曹也先君無乃有罪乎若有罪則君列諸侯矣君惟不遺德刑以伯諸侯豈獨遺諸敝邑敢私布之

十五年諸侯同盟于戚傳言討曹成公也執而歸諸京師則戚之會乃所以執負芻安得以列諸會為無罪乎杜預謂諸侯雖有篡弒之罪侯伯已與之會則不復討此言害教為甚且衛州吁弒完石

厚問定君於石碏碏曰王覲為可豈以諸侯為會而免哉況負芻實未嘗得列會者曹人必不應反妄言之以欺霸主杜預以為畢乃執之故曹人以為無罪此雖强欲附會不知其與十五年討曹成公者戾也

九月晉人執季孫行父舍之于苕丘

九月晉人執季文子于苕丘公還待于鄆使子叔聲伯請季孫于晉郤犨曰苟去仲孫蔑而止季孫行父

吾與子國親於公室對曰僑如之情子必聞之矣若
去蔑與行父是大棄魯國而罪寡君也若猶不棄而
惠徼周公之福使寡君得事晉君則夫二人者魯國
社稷之臣也若朝亡之魯必夕亡以魯之密邇仇讎
亡而為讎治之何及郤犫曰吾為子請邑對曰嬰齊
魯之常隸也敢介大國以求厚焉承寡君之命以請
若得所請吾子之賜多矣又何求范文子謂欒武子
曰季孫於魯相二君矣妾不衣帛馬不食粟可不謂

春秋左傳詁

忠乎信讒慝而棄忠良若諸侯何子叔嬰齊奉君命無私謀國家不貳圖其身不忘其君若虛其請是棄善人也子其圖之乃許魯平赦季孫

經書晉人執季孫行父舍之於苕丘舍之猶言釋之今乃以為執于苕丘許魯平而後赦季孫是為始置之而未釋也故杜預謂舍之苕丘明不以歸誤矣大夫執之書舍之書所以見重也苟姑置之而未釋則如傳言猶以為執何用但記其不以歸

乎盖傳見行父以九月執十二月方盟意此三月
之間猶未得釋故云爾不知僑如在魯十月已奔
齊若非如晉悟僑如之譖而釋行父則何由遽奔
若晉人執行人叔孫婼傳言乃館諸箕此乃傳所
謂舍者而經自不書矣

冬十月乙亥叔孫僑如出奔齊

冬十月出叔孫僑如而盟之僑如奔齊

傳言出若云逐也僑如以十月出奔季孫行父以

十二月與郤犨盟公至自會則方僑如之奔公與行父俱未歸也而誰逐之乎杜預謂公未歸命國人逐之若然經亦當書放僑如不當以自奔為文

按僑如本與穆姜同謀害公者穆姜在內僑如若無所畏豈國人所能逐襄二十三年將謀臧氏季孫召外史掌惡臣問盟首曰無或如叔孫僑如欲廢國常蕩覆公室此蓋僑如知晉舍行父其謀不行懼而出奔爾魯人因與諸大夫共盟於後非盟

僑如也

十有二月乙丑季孫行父及晉郤犫盟于扈

十二月季孫及郤犫盟于扈歸刺公子偃召叔孫豹于齊而立之

按十六年傳穆姜欲去季孟公不從姜怒公子偃公子鉏趨過指之曰女不可是皆君也若是則偃未有罪穆姜假之以脅公爾而經書刺公子偃此殺有罪之辭也偃蓋與僑如同惡者前言不盡其

實也

十有七年

六月乙酉同盟于柯陵

乙酉同盟于柯陵尋戚之盟也

此乃伐鄭之諸侯也與戲及亳城北同文蓋鄭服
而共盟也鄭継叛故後復見伐戚盟乃討曹負芻
何尋之云

冬公會單子晉侯宋公衛侯曹伯齊人邾人伐鄭

冬諸侯伐鄭十月庚午圍鄭楚公子申救鄭師于汝上十一月諸侯還

伐與圍二事春秋舉重圍重于伐故言圍不言伐設有見焉則圍伐並見者有之矣未有舍圍而言伐也杜預謂畏楚救不成圍而還若是則未嘗圍矣傳安得言圍哉

十有八年

夏楚子鄭伯伐宋宋魚石復入于彭城

春秋不傳說

楚子辛鄭皇辰侵城郜取幽丘同伐彭城納宋魚石向為人鱗朱向帶魚府焉以三百乘戍之而還書曰復入凡去其國國逆而立之曰入復其位曰復歸諸侯納之曰歸以惡曰復入

傳為此四例皆不可通於經蔡季蔡人召之於陳此國逆也而不書入衛侯朔入于衛此復其位也而不書復歸宋魚石復入于彭城此諸侯納之也而不書歸衛孫林父入于戚以叛此以惡入也而

不書復入若此之類不可概舉蓋左氏不辨逆順難易之理又不別君臣之義不可以同辭而一之故其說每相戾凡歸皆順辭也易辭也入皆逆辭也難辭也四者各即其實言之其善惡褒貶不在于是復者以位言也國君出奔其位未絕故可言復歸大夫去國則絕矣故不可言復歸是故君皆言復君而不言復者不與其復也臣皆不言復臣而言復者求為復者也

春秋左傳讞卷五

春秋左傳讞

宋　葉夢得　撰

卷六

襄公

元年春

仲孫蔑會晉欒黶宋華元衛甯殖曹人莒人邾人滕人薛人圍宋彭城。

元年春己亥圍宋彭城非宋地追書也於是為宋討

春秋左傳説

魚石故稱宋且不登叛人也謂之宋志彭城降晉晉人以宋五大夫在彭城者歸寘諸瓠邱言不登叛人謂之宋志者幾是矣然不得言非宋地而追書若但謂楚已取之追書繫之宋則何宋志之云乎城虎牢此亦諸侯取之鄭也若是則亦當追書而謂之鄭虎牢矣此蓋傳不知春秋不與楚取宋邑而復魚石之意嘗聞其説而不能信故包二義雖謂之不登叛人而又以為追書也　魯

及齊師圍郕郕降于齊師見經今合九國之衆拒楚師以討叛人彭城果降安得不書乎向為人等未必同魚石奔吾固言之矣按二十六年楚聲子言靡角之役晉以雍子謀楚師宵潰晉降彭城而歸諸宋以魚石歸與此自不同靡角之役乃楚子重攻華喜之師援之者唯晉而已在前年十一月而此乃楚師還晉乞師于魯再合諸侯之師在今年正月而傳並載之則將孰從乎聲子之言既不

春秋左傳讀

足信則此傳亦未必為實經之所書在繫彭城于
宋其降不降在告不告無足言也

夏晉韓厥帥師伐鄭

夏五月晉韓厥荀偃帥諸侯之師伐鄭入其郛敗其徒兵于洧上於是東諸侯之師次于鄫以待晉師晉師自鄭以鄫之師侵楚焦夷及陳晉侯衛侯次于戚以為之援

經書晉韓厥帥師伐鄭諸侯之師不與也鄫師果

從晉侵楚及陳仲孫蔑在焉經不應不書杜預以
為蔑在鄭先歸故不書不知何據亦意之爾

秋楚公子壬夫帥師侵宋

秋楚子辛救鄭侵宋呂留

楚在鄭之南宋在鄭之北楚何以不直救鄭乃越
鄭而侵宋乎誠或有之經亦當與書晉陽處父伐
楚以救江同文不應畧無見也

邾子來朝

春秋不傳[illegible]

冬衛侯使公孫剽來聘

九月邾子來朝禮也

冬衛子叔晉知武子來聘禮也凡諸侯即位小國朝之大國聘焉以繼好結信謀事補闕禮之大者也

諸侯世相朝吾固言其非矣此乃春秋强弱相陵之習春朝以圖天下之事夏宗以陳天下之謨天子之禮也諸侯相見何謀事補闕之云尤可見其妄

四年

秋七月戊子夫人姒氏薨

秋定姒薨不殯于廟無櫬不虞匠慶謂季文子曰子為正卿而小君之喪不成不終君也君長誰受其咎傳例不赴于諸侯不返哭于寢不祔于姑故不曰薨不稱夫人故不曰葬又曰凡夫人不薨于寢不殯于廟不赴于同不祔于姑則弗致也今定姒既不殯于廟又無櫬不虞則亦不反哭于寢矣經何

以書夫人姒氏薨又曰葬我小君定姒哉啖氏以為文當在定十五年姒氏卒下誤出于此其說是也蓋有兩定姒故相亂然言不殯于廟者亦非是廟殯殷禮吾嘗言其非矣

冬十月邾人莒人伐鄫臧紇救鄫侵邾敗于狐駘國人逆喪者皆髽魯于是乎始髽國人誦之曰臧之狐裘敗我于狐駘我君小子朱儒是使朱儒朱儒使我敗于邾

經不書狐駘之敗檀弓記魯婦人髽而弔自敗狐駘始則不可謂無此役杜預謂不書魯人諱之升陘之戰邾人至獲公胄蓋有甚於此者然經猶書何此而獨諱乎吾嘗攷于經内書戰者三戰于宋戰于奚及升陘之役皆公親將諱而沒公書及所謂内不言戰言戰則敗者也未有大夫將而書戰者蓋皆國恥也公敗則以君重書而沒公大夫敗則畧之併其事不書此役乃臧紇故不書非左氏

所知也

五年

楚殺其大夫公子壬夫

楚人討陳叛故曰由令尹子辛實侵欲焉乃殺之書

曰楚殺其大夫公子壬夫貪也君子謂楚共王於是

不刑

雞澤之盟傳言楚子辛為令尹侵欲于小國陳成

公使袁僑如會求成今以為貪當矣此以國殺者

殺有罪之辭也則安得復謂共王為不刑哉殺大夫但計其身有罪無罪不以其君相乘除使其罪當殺雖君無道何可以免而杜預乃以八年之中殺三卿為解若壬夫之罪得以共王免則謂經不當以國殺為罪可乎

冬戍陳

冬諸侯戍陳

凡戍皆以魯為文諸侯不與也若然則安得不與

春秋左傳詁

諸侯戍緣陵同文

六年

莒人滅鄫

冬叔孫豹如邾

季孫宿如晉

莒人滅鄫鄫恃賂也　冬穆叔如邾聘且修平　晉人以鄫故來討曰何故亡鄫季武子如晉見且聽命

五年夏叔孫豹與鄫世子巫如晉以鄫屬魯繼以

為不利戚之會復使鄫大夫聽命于會故經書吳人鄫人則鄫已非魯所有矣其亡何責于魯哉鄫既為國則貢賦自不入于魯乃言恃賂尤見其妄其言季武子如晉見者是也此始為卿代父執政往見霸主而傳誤以鄫事附益之爾

七年

夏四月三卜郊不從乃免牲

夏四月三卜郊不從乃免牲孟獻子曰吾乃今而後

如有卜筮夫郊祀后稷以祈農事也是故啓蟄而郊
郊而後耕今既耕而卜郊宜其不從也
魯郊非啓蟄吾固言之矣此獻子之妄而左氏不
能辨也

楚公子貞帥師圍陳

十有二月公會晉侯宋公陳侯衛侯曹伯莒子邾子于
鄬

鄭伯髡頑如會未見諸侯丙戌卒于鄵

楚子囊圍陳會于鄬以救之　鄭僖公之為太子也
於成之十六年與子罕適晉不禮焉又與子豐適楚
亦不禮焉及其元年朝于晉子豐欲愬諸晉而廢之
子罕止之及將會于鄬子駟相又不禮焉侍者諫不
聽又諫殺之及鄵子駟使賊夜弒僖公而以瘧疾赴
于諸侯簡公生五年奉而立之

髡頑之弒三家雖同左氏則以為不禮于子駟子
駟弒之公羊穀梁則以為欲從晉諸大夫不從而

春秋不[illegible][illegible]

弑左氏則以為以瘧疾赴不書公羊穀梁則以為
為中國諱及不欲夷狄之民加手中國之君故不
書使其事果出于實不應其說頓異如此以理推
之弑君大惡也子駟誠為之豈不能少忍至於國
君方赴伯主會諸侯乃弑之于側而不畏討乎髡
頑無甚顯罪絶於國人即子駟無所忌憚諸大夫
何為甘心從之而不以實赴乎左氏先記子罕子
豐亦嘗為髡頑不禮意將以此附會不赴告之說

據傳子豐欲愬諸晉廢髡頑而子罕止之廢且不可肯同為弑手經從赴告此為左氏者之陋也吾嘗謂凡公子弑君而代之與大臣弑君而相其後君權皆在已如楚商臣蔡般齊商人齊崔杼衛甯喜之從其赴告必不自言弑當有以疾或加之辭者而經皆書以實則經之不從赴告可知矣正使鄭以瘧疾赴經獨何為從其同惡之言而縱失弑君之罪傳又記鄭羣公子欲謀子駟子駟先之則

春秋左傳讀

髡頑之弒國人蓋皆知之矣國人知之何為尉止
之亂不以此討子駟而徒以侵田之細故乎凡皆
必不然者若二傳所謂以其欲從晉者其迹尤可
考按鄬之會本以拒楚而救陳也髡頑既卒而簡
公立其明年書鄭人侵蔡此猶以說晉而侵楚之
與國相繼復為邢丘之會亦從晉也是冬楚子囊
來伐傳始言子駟等欲背晉事在髡頑卒二年後
安有以此罪其君弒之而已猶踰年自為之乎其

謬妄不待攻而破三家既無可據吾考于經後書葬僖公夫經不書弑或别有旨變文以示義後猶當從弑君例不書葬以見意今既前書卒後書葬與常法無少異則其事實無有殆鄭之野史小説或有是言三家畧聞之而不能辨是以各記所聞自為之説卒相矛盾而不悟也

八年

冬楚公子貞帥師伐鄭

冬楚子囊伐鄭討其侵蔡也子駟子國子耳從欲楚
子孔子蟜子展欲待晉子駟曰周詩有之曰俟河之
清人壽幾何兆云詢多職競作羅謀之多族民之多
違事滋無成民急矣姑從楚以紓吾民晉師至吾又
從之敬共幣帛以待來者小國之道也犧牲玉帛待
於二竟以待彊者而庇民焉寇不為害民不罷病不
亦可乎子展曰小所以事大信也小國無信兵亂日
至亡無日矣五會之信今將背之雖楚救我將安用

之親我無成鄙我是欲不可從也不如待晉晉君方明四軍無闕八卿和睦必不棄鄭楚師遼遠糧食將盡必將速歸何患焉舍之聞之杖莫如信完守以老楚杖信以待晉不亦可乎

杜預以雞澤戚城棣鄬邢丘為五會按鄬會簡公不與實四會爾子展之言不應有誤亦傳之失也

九年

五月辛酉夫人姜氏薨

秋八月癸未葬我小君穆姜

穆姜薨于東宮始往而筮之遇艮之八☶☶史曰是謂艮之隨☱☳隨其出也君必速出姜曰亡是于周易曰隨元亨利貞无咎元體之長也亨嘉之會也利義之和也貞事之幹也體仁足以長人嘉德足以合禮利物足以和義貞固足以幹事然故不可誣也是以雖隨无咎今我婦人而與於亂固在下位而有不仁不可謂元不靖國家不可謂亨作而害身不可謂

利棄位而姣不可謂貞有四德者隨而无咎我皆無之豈隨也哉我則取惡能无咎乎必死于此弗得出矣

杜預以為穆姜淫僑如欲廢成公故徙居東宮據傳例夫人薨于寢則弗致今穆姜書夫人姜氏薨又書葬我小君穆姜則是嘗致之為夫人矣安得為薨于東宮乎凡公不薨于寢如臺下楚宮高寢之類經必謹而書之以正終穆姜嘗徙居東宮是嘗貶於成公成公既貶其母又不得薨于寢經何

反不目地而以常法書于自今我婦人而與於亂以下穆姜雖有淫僑如之罪不應自暴其過如此亦不近人情此蓋卜筮家者流假托穆姜為言傳不能辨而妄信之也

晉人不得志于鄭以諸侯復伐之十二月癸亥門其三門閏月戊寅濟于陰阪侵鄭次于陰口而還子孔曰晉師可擊也師老而勞且有歸志必大克之子展曰不可

前書十月諸侯伐鄭季武子與齊宋從荀罃門于鄟門衛曹邾從荀偃韓起門于師之梁滕薛人從欒黶士魴門于北門即門其三門也不應復書于此傳言公送晉侯宴于河上此後公蓋與焉經何以不書晉霸主方合諸侯而同盟不應不三月而再侵又未見終得志者此蓋傳誤以前伐兩書之也

公送晉侯晉侯以公宴于河上問公年季武子對曰

會于沙隨之歲寡君以生晉侯曰十二年矣是謂一終一星終也國君十五而生子冠而生子禮也君可以冠矣大夫盍為冠具武子對曰君冠必以祼享之禮行之以金石之樂節之以先君之祧處之今寡君在行未可具也請及兄弟之國而假備焉晉侯曰諾公還及衛冠于成公之廟假鍾磬焉禮也

晉侯言襄公可以冠大夫盍為冠具命之使冠而已季武命受命歸魯而冠可也何遽而請兄弟之

國而假具乎且既言以先君之祧處之乃冠于衛成公之廟則祼享之禮行之乎魯先公乎衛成公乎魯衛接境非有迫于晉者不應其亟如此而傳又以為禮接國君十五而生子冠而生子于禮無見荀卿言天子諸侯子十九而冠冠而聽治若爾其先于臣下一年爾晉既無復伐鄭之事公亦不得與晉宴于河上其言皆妄

十年

春秋左傳詁

夏五月甲午遂滅偪陽

五月庚寅荀偃士匄帥卒攻偪陽親受矢石甲午滅之書曰遂滅偪陽言自會也以與向戌向戌辭曰君若猶辱鎮撫宋國而以偪陽光啓寡君羣臣安矣其何貺如之若專賜臣是臣興諸侯以自封也其何罪大焉敢以死請乃予宋公宋公享晉侯于楚邱請以桑林荀罃辭荀偃士匄曰諸侯宋魯於是觀禮魯有禘樂賓祭用之宋以桑林享君不亦可乎舞師題以

旌夏晉侯懼而退入于房去旌卒享而還及著雍疾
卜桑林見荀偃士匄欲奔請禱焉荀罃不可曰我辭
禮矣彼則以之猶有鬼神於彼加之晉侯有閒以偪
陽子歸獻于武宮謂之夷俘偪陽妘姓也使周内史
選其族嗣納諸霍人禮也
滅國而君不見者皆死其位也若君存不書以歸
則書奔今偪陽言滅而不見君則君死矣何得更
言以偪陽子歸而經不書乎傳載晉執虞公事云

晉師襲虞滅之而修其祀且歸其職貢于王意將以此解不言滅虞之義偪陽果嘗選其族嗣納諸霍人是亦不絕其嗣與虞同經安得反書滅乎夫偪陽誠有罪霸主合諸侯討之執而歸之京師可也若無罪伐且不可加而況於滅今未聞偪陽之罪但以欲封向戌取之戌辭而與宋公是無罪滅人之國又擅以其地與人皆王法所當誅雖不絕其嗣亦何补之有

秋七月楚子囊鄭子耳侵我西鄙還圍蕭八月丙寅克之

凡外侵伐未有不書於經者此不書于義例無所考蓋非實特圍蕭之師耳克蕭外取邑不書

冬盜殺鄭公子騑公子發公孫輒

初子駟與尉止有爭將禦諸侯之師而黜其車尉止獲又與之爭子駟抑尉止曰爾車非禮也遂弗使獻

初子駟為田洫司氏堵氏侯氏子師氏皆喪田焉故

春秋左傳讀

五族聚羣不逞之人因公子之徒以作亂于是子駟當國子國為司馬子耳為司空子孔為司徒冬十月戊辰尉止司臣侯晋堵女父子師僕帥賊以入晨攻執政于西宮之朝殺子駟子國子耳刼鄭伯以如北宮子孔知之故不死書曰盜言無大夫焉

盜言無大夫是也然盜非賊者之稱大夫以忿怒相殺猶以兩下相殺不書賊者何以書乎凡盜賊而為亂者之名也大夫以忿怒相殺不書大夫為

亂而相殺則以當上之辭書之賊者以忿怒殺大夫不書賊者為亂而殺大夫則以盜書之尉止等之事是矣蓋經既以人為衆殺大夫之辭則賊者殺無以見故變而稱盜盜殺陳夏區夫傳不載其事可以鄭事推之若盜殺衛侯之兄縶此其義在書兄然是亦亂也

戍鄭虎牢

諸侯之師城虎牢而戍之晉師城梧及制士魴魏絳

春秋左傳讀

戍之書曰戍鄭虎牢非鄭地也言將歸焉前言城虎牢蓋鄭叛諸侯取虎牢城之以逼鄭則不得言鄭虎牢今諸侯會而伐鄭鄭與晉平故以虎牢歸之為之戍以備楚自當繫之鄭戍善辭也傳不達此義乃以城與戍為一且城虎牢在二年豈有八年之後始言戍乎又謂城梧及制二邑皆鄭地然不得言虎牢杜預謂追書以見鄭志此蓋附會圍宋彭城之言前固已失矣今又引為比又非也

十有一年夏

公會晉侯宋公衛侯曹伯齊世子光莒子邾子滕子薛

伯杞伯小邾子伐鄭

秋七月己未同盟于亳城北

四月諸侯伐鄭己亥齊太子光宋向戌先至于鄭門

于東門其莫晉荀罃至于西郊東侵舊許衛孫林父

侵其北鄙六月諸侯會于北林師于向右還次于瑣

圍鄭觀兵于南門西濟于濟隧鄭人懼乃行成秋七

春秋左傳南

月同盟于亳范宣子曰不慎必失諸侯諸侯道敝而無成能無貳乎乃盟載書曰凡我同盟毋蘊年毋壅利毋保姦毋留慝救災患恤禍亂同好惡獎王室或間茲命司慎司盟名山名川羣神羣祀先王先公七姓十二國之祖明神殛之俾失其民隊命亡氏踣其國家

柯陵戲與此三盟書法並同皆伐鄭鄭服而後以同盟禮之也故戲與此傳俱謂鄭懼行成惟柯陵

以為尋戲之役吾固言其非矣若然是伐鄭之功已成諸侯與鄭盟而鄭亦與焉者也如范宣子之言以為道敝無成而畏諸侯之貳乃是不能服鄭恐諸侯有貳心無乃與前言行戾乎蓋左氏適見同盟之後不旋踵而前諸侯復伐鄭故云爾不悟楚以鄭前服而伐之鄭伯復迎而同伐宋諸侯為是再討當時鄭往來乎晉楚之間何嘗有寧歲安可獨責于此況其盟辭但謂毋蘊年毋壅利

毋保姦毋留慝救災患恤禍亂同好惡獎王室畧
無討鄭之意然不數鄭實十三國而言十二國此
蓋他盟之辭而左氏誤載之也

楚子鄭伯伐宋

楚子囊乞旅于秦秦右大夫詹帥師從楚子將以伐
鄭〻伯逆之丙子伐宋
鄭既未嘗從晉則楚何為而伐之經但書楚子鄭
伯伐宋則楚固未嘗先伐鄭也蓋傳既言鄭與盟

故意以為楚伐鄭〻伯逆服然經亦不書秦啓則
其事皆無有也
公會晉侯宋公衛侯曹伯齊世子光莒子邾子滕子薛
伯杞伯小邾子伐鄭
會于蕭魚
公至自會
楚人執鄭行人良霄
諸侯之師觀兵于鄭東門鄭人使王子伯駢行成甲

秋不傳詩
戌晉趙武入盟鄭伯冬十月丁亥鄭子展出盟晉侯
十二月戊寅會于蕭魚庚辰赦鄭囚皆禮而歸之納
斥候禁侵掠晉侯使叔肸告于諸侯公使臧孫紇對
曰凡我同盟小國有罪大國致討苟有以藉手鮮不
赦宥寡君聞命矣
經于伐鄭之後即言蕭魚之會審有趙武子展先
盟何為不書晉伯主鄭伯若服亦無趙武先入盟
之理杜預謂二盟以不告不書是時公自在其間

何待告乎其附會尤可見以事之序考之鄭自再伐君臣厭兵實皆欲外楚故使良霄如楚告將服晉諸侯信而不疑故不復盟而直會所以楚人遂執良霄傳但見會而不盟故妄意云爾其書執良霄乃在會前經書秋會而傳以為十二月其先後日月皆與經不合尤可見其非實

冬秦人伐晉

秦庶長鮑庶長武帥師伐晉以救鄭鮑先入晉地士

飭御之少秦師而弗設備壬午武濟自輔氏與鮑交伐晉師己丑秦晉戰于櫟晉師敗績易秦故也

庶長秦孝公爵名不應先見于此既言晉師敗績于傳例當從皆陳書秦師晉師戰于櫟晉師敗績若謂晉少秦師弗設備而敗以譏其易秦從傳末陳例則當書秦敗晉師于櫟何經但書秦人伐晉乎且是時鄭已服諸侯同為蕭魚之役而歸矣安得尚言救鄭則秦伐疑自以他事凡傳所書皆非

賓故亦誤其爵名

十有二年

秋九月吳子乘卒

秋吳子壽夢卒臨于周廟禮也凡諸侯之喪異姓臨于外同姓于宗廟同宗于祖廟同族于禰廟是故魯為諸姬臨于周廟為邢凡蔣茅胙祭臨于周公之廟

杜預以宗廟為所出王之廟按諸侯不得祖天子安得廟其祖之所自出此蓋魯得用天子禮特祀

文王故有周廟而以凡諸侯言之非也

冬楚公子貞帥師侵宋

冬楚子囊秦庶長無地伐宋師于楊梁以報晉之取鄭也

經書楚公子貞帥師侵宋不言同秦人則庶長無地亦非實其誤與前同

公如晉

公如晉朝且拜士魴之辱禮也

諸侯相朝已非矣豈有以大夫聘而國君自往拜者謂之禮乎

十有三年

夏取邿

夏邿亂分爲三師救邿遂取之凡書取言易也用大師焉曰滅弗地曰入

邿國也取非易辭也吾嘗言之矣傳例曰凡勝國曰滅獲大城曰入又曰克邑不用師徒曰取今又

春秋左傳謂

以取言易以用大師言滅以弗地言入蓋將不用明

經嘗聞其說而不能必故為多歧以幸其中獲大

城與弗地二義猶不相遠若勝國與用大師則所

主不同蓋不知滅與取乃國邑之辨故雖知滅為

勝國取為克邑又欲以用師不用師包之今言師

救鄀又曰遂取之既救其亂則又不得為不用師

徒克其地要不違經旨故其言愈多而愈亂不知

所謂取者亦屬之為附庸與取邑同辭者也

冬城防

冬城防書事時也於是將早城臧武仲請俟畢農事禮也

此周之冬非所謂時也左氏既誤以夏正言之故因妄附會臧武仲之言周正則何以農事畢哉其曰書事亦誤也

鄭良霄太宰石㚟猶在楚石㚟言於子囊曰先王卜征五年而歲習其祥祥習則行不習則增修德而改

春秋左傳讀

卜

杜預以征為巡守夫必待五年五卜皆吉而後行先王之巡守無幾矣亦豈所謂卜不習吉者哉石㚖見執於楚而為此言蓋謂楚前與鄭伐宋諸侯復伐鄭〻服晉楚不得志而執其行人故云是謂楚不待習吉而伐宋非鄭之罪則征當為征伐之征周官以邦事作龜之八命一曰征鄭司農以征為征伐是也然亦無五年五卜之理此石㚖假為之說

以求自免之辭非先王之制傳不能辨而載之也

十有四年春王正月季孫宿叔老會晉士匄齊人宋人衛人鄭公孫蠆曹人莒人邾人滕人薛人杞人小邾人會吳于向

十四年春吳告敗于晉會于向為吳謀楚故也范宣子數吳之不德也以退吳人執莒公子務婁以其通楚使也將執戎子駒支范宣子親數諸朝曰來姜戎氏昔秦人迫逐乃祖吾離于瓜州乃祖吾離被苫蓋

[illegible]

蒙荊棘以來歸我先君我先君惠公有不腆之田與女剖分而食之今諸侯之事我寡君不如昔者蓋言語漏洩則職女之由詰朝之事爾無與焉與將執女對曰昔秦人負恃其衆貪于土地逐我諸戎惠公蠲其大德謂我諸戎是四岳之裔胄也毋是翦棄賜我南鄙之田狐狸所居豺狼所嗥我諸戎除翦其荊棘驅其狐狸豺狼以為先君不侵不叛之臣至于今不貳昔文公與秦伐鄭秦人竊與鄭盟而舍戍焉于是

乎有殽之師晉禦其上戎亢其下秦師不復我諸戎
實然譬如捕鹿晉人角之諸戎掎之與晉踣之戎何
以不免自是以來晉之百役與我諸戎相繼于時以
從執政猶殽志也豈敢離逷今官之師旅無乃實有
所闕以攜諸侯而罪我諸戎我諸戎飲食衣服不與
華同贄幣不通言語不達何惡之能為不與于會亦
無瞢焉賦青蠅而退宣子辭焉使即事于會成愷悌
也於是子叔齊子為季武子介以會自是晉人輕魯

春秋左傳讀

幣而益敬其使

會所以為好也吳既告敗晉為之合諸侯以謀楚是將以援吳則安得復數其不德而退之乎此蓋後不見諸侯伐楚故妄云爾然此自以好會非謀楚也　務婁執於會不應不見于經杜預謂不書非卿然則齊人執鄭詹豈卿乎我子得與會亦當見經杜預謂不書為晉屬不得特達然則戎子自言我為惠公不侵不叛之臣晉人及姜戎敗秦師

於穀何以書乎且言諸侯之事我寡君不如昔者以為我言語漏洩之故我僻陋在一隅安能遍通諸國去年晉蒐于緜上傳言晉國之民大和諸侯遂睦自是別無攜貳何以為不如昔者且是時自魯而下十三國皆在會魯仍以二卿行不如昔者則安至于是此記宣子言姜戎氏秦人迫逐乃祖吾離于瓜州而昭九年云允姓之姦居于瓜州惠公歸自秦而誘以來又以為允姓則傳所敘戎事

春秋左傳讀

皆不足據　師舉元帥使舉上客春秋之法也今季孫宿與老叔並書老叔豈介者乎此蓋以二卿並會如公子遂叔孫得臣並使齊者杜預以遂得臣以兩事行非相為介則安知宿與叔老非以兩事會乎

夏四月叔孫豹會晉荀偃齊人宋人衛北宮括鄭公孫蠆曹人莒人邾人滕人薛人杞人小邾人伐秦

夏諸侯之大夫從晉侯伐秦以報櫟之役也晉侯待

于竟使六卿帥諸侯之師以進及涇不濟叔向見叔
孫穆子穆子賦匏有苦葉叔向退而具舟魯人莒人
先濟鄭子蟜見衛北宮懿子曰與人而不固取惡莫
甚焉若社稷何懿子説二子見諸侯之師而勸之濟
濟涇而次秦人毒涇上流師人多死鄭司馬子蟜帥
鄭師以進師皆從之至于棫林不獲成焉荀偃令曰
鷄鳴而駕塞井夷竈唯余馬首是瞻欒黶曰晉國之
命未是有也余馬首欲東乃歸下軍從之左史謂魏

春秋左傳讀

莊子曰不待中行伯乎莊子曰夫子命從帥欒伯吾帥也吾將從之從帥所以待夫子也伯游曰吾令實過悔之何及多遺秦禽乃命大還晉人謂之遷延之役欒鍼曰此役也報櫟之敗也役又無功晉之恥也吾有二位于戎路敢不恥乎與士鞅馳秦師死焉士鞅反欒黶謂士匄曰余弟不欲往而子召之余弟死而子來是而子殺余之弟也弗逐余亦將殺之士鞅奔秦於是齊崔杼宋華閱仲江會伐秦不書惰也向

之會亦如之衛北宫括不書於向書于伐秦攝也
櫟敗非實吾嘗言之矣此非報敗報其伐也　會
向與伐秦諸皆書人而季孫宿叔老叔孫豹晉士
匄荀偃衛北宫括六人獨以名氏見傳見其文異
故謂人者以情而貶名氏者以攝而録然而情者
獨崔杼華閲仲江則自曹而下七國以微者而書
乎以情而貶乎若以為微則與齊人宋人衛人孰
辨且宋但書人爾安得與華閲仲江兩人並貶北

春秋左傳讀

宫括以攝而録則季孫宿叔老公孫蠆士匄荀偃以攝而録乎以卿而貶乎若以為卿則與北宫括孰辨二者皆不可通則或人或名氏蓋卿與微者之辨傳見會向書齊人宋人衛人在公孫蠆上於伐秦書齊人宋人在北宫括上疑微者不應先卿故横為此説不知經盟會征伐諸侯大夫序爵升降不論或以先後至或出霸主之命安知齊宋衛不與大夫微者為序而以國大小為序也

師歸自伐秦晉侯舍新軍禮也成國不過半天子之軍周為六軍諸侯之大者三軍可也

大國三軍次國二軍小國一軍此周官之衍文諸侯僭而增其籍者也魯與晉皆侯國使晉得為三軍則魯何得以作三軍舍中軍見譏乎叔孫豹曰元侯作師卿率之以承天子諸侯有卿無軍帥教衛以贊元侯自伯子男有大夫無卿率賦以從諸侯此其說是也傳但見當時僭禮而妄言之爾

秋楚公子貞帥師伐吴

子囊師于棠以伐吴吴不出而還子囊殿以吴爲不能而弗儆吴人自皋舟之隘要而擊之楚人不能相救吴人敗之獲楚公子宜穀

按經書楚公子貞帥師伐吴而已據傳所言則吴爲未陳而戰於傳例當書吴敗楚師於皋舟獲公子宜穀安得止記楚伐乎吴勝不應不告楚敗不應反告伐其說皆不足據

十有五年春宋公使向戌來聘二月己亥及向戌盟于劉

十五年春宋向戌來聘且尋盟

此亦猶荀庚之盟非尋盟也

劉夏逆王后于齊

官師從單靖公逆王后于齊卿不行非禮也

杜預以官師為劉夏謂天子不親昏使上卿逆而公監之劉夏獨從單靖公故以為卿不行非禮是

單靖公亦在行矣，經何以獨書劉夏乎？預又言劉夏獨過魯告昏，故不書單靖公。然則二人並行，豈有劉夏獨過魯告之理？尤可見其遷就之妄。按例，天子上士以名氏見，此直譏以士逆后而不以卿爾。據杜預監與逆自二事，劉夏以官師從單靖公，則劉夏為單靖公之屬。卿雖不行，其屬豈得與逆之事，而經書劉夏逆王后哉？宣六年傳記召桓公逆王后于齊而不見經，此以周逆為得禮，故不書

則劉夏之書正以其非卿也

十有六年春

三月公會晉侯宋公衛侯鄭伯曹伯莒子邾子薛伯杞伯小邾子于湨梁戊寅大夫盟晉人執莒子邾子以歸

以我故執邾宣公莒犂比公且曰通齊楚之使晉侯與諸侯宴于溫使諸大夫舞曰歌詩必類齊高厚之詩不類荀偃怒且曰諸侯有異志矣使諸大夫盟高厚高厚逃歸於是叔孫豹晉荀偃宋向戌衛甯殖鄭

春秋左傳讀

公孫蠆小邾之大夫盟曰同討不庭

據傳例凡君不道於其民諸侯討而執之則曰某人執某侯不然則否今言以我故者十二年十四年莒人侵我十五年邾人伐我故也鄰國以兵相加諸侯常事也又況通齊楚之使豈所謂不道於其民者哉然而經書晉人執莒子邾子此例不可行吾固言之矣杜預謂二國數侵我又無道於其民是欲誣二國以成傳之說則可以為經旨則非

也　經書公會晉侯宋公衛侯鄭伯曹伯莒子邾子薛伯杞伯小邾子于溴梁戊寅大夫盟諸侯之會大夫之盟自是二事盟之大夫即會之諸侯之大夫也會者十一國而齊不在焉則高厚何從至哉蓋是時齊方從楚故執邾宣公莒犂比公以爲通齊楚之使則齊固不與諸侯合矣杜預謂高厚以逃歸故不書且傳言高厚之詩不類荀偃怒而使諸大夫盟則盟在會之後豈可以高厚逃歸併

迨後齊侯不得見於會哉使諸侯已會齊侯後至而高厚來故齊侯不得見於會則當如雞澤袁僑之盟書齊侯使高厚如會戊寅諸侯之大夫盟高厚逃歸可也夫齊本與楚使高厚之詩果不類自高厚之志異豈可遂以諸侯為有異志而盟諸大夫其言反覆皆無據此並傳不知貶諸大夫專盟于君側之意而妄為之辭凡諸侯大夫以君命盟皆挈諸侯之大夫以存君今直言大夫則知其非

君命　公羊所謂信在大夫君若贅旒然者是也

二十有五年

衛侯入于夷儀

晉侯濟自泮會于夷儀伐齊以報朝歌之役齊人以莊公說使隰鉏請成慶封如師男女以班賂晉侯以宗器樂器自六正五吏三十帥三軍之大夫百官之正長師旅及處守者皆有賂晉侯許之使叔向告于諸侯公使子服惠伯對曰君舍有罪以靖小國君之

惠也寡君聞命矣

夷儀之會經本不言伐齊使果為報朝歌之役而以殺其君為解且以賂免則諸侯安得無譏杜預以為齊有喪自宜退尤非是夫弒君不討而謂之不伐喪則凡弒者皆可以喪免之矣據十四年經書衛侯出奔齊此獻公為孫林父所逐而立剽也二十三年書齊侯伐衛遂伐晉是時衎猶在齊宜為伐剽而晉有黨焉故明年為夷儀之會衛侯亦

與夷儀衛地則晉必有謀衛者而未成故至是又會也傳言晉侯受齊賂使魏舒宛沒逆衛侯則晉復變而與衎矣後三月所以遂見衛侯衎入于夷儀此雖甯喜之志要之晉為再會皆為謀衛何朝歌之報哉崔杼自負弒君之罪聞會懼討因以許衛侯侯而用賂此經所以但書會蓋本無伐事也崔杼之賂雖志在懼討而諸侯本不以討賊而會所以經亦不得而書也

二十有七年

冬十有二月乙亥朔日有食之

十一月乙亥朔日有食之辰在申司歷過也再失閏矣

朔或有誤以十一月為十二月者若辰果在申而再失閏當自二十五年失一閏則二十六年與是歲皆當以建亥為正月不惟遞失一月而四時易序且二年矣是月辰果在申為再失閏則明年當

以建戌為正月經安得復以無冰為災乎杜預為
頓置兩閏之說則是歲當為十二月者乃合天正
若然則前二年正月皆不正乎經不書閏此常法
苟有有見焉則書故文公不告月葬齊景公獨著
之頒朔王正之大前四時易序而失天正者二年
既無見今頓置兩閏又無異文經果如是乎杜預
之言既非傳所載則傳之為妄不待攻而破也

二十有八年春無冰

春秋左傳詁

二十八年春無冰梓慎曰今茲宋鄭其饑乎歲在星紀而淫於玄枵以有時菑陰不堪陽蛇乘龍龍宋鄭之星也宋鄭必饑玄枵虛中也枵耗名也土虛而民耗不饑何爲

周官保章氏以星土辨九州之地所封封域皆有分星方周之盛時諸侯分布于天下不可徧數也所謂九州之地所封者非以九州爲別言諸侯之域在九州之内者各有其土所所主之星以觀其

祥爾是時豈有十二諸侯之辨乎自春秋末列國大小相併姑舉其大者十有二謂之十二諸侯後世星家因以四方之宿配之以當天之十有二次星紀為吳越玄枵為齊娵訾為衛降婁為魯大梁為趙實沈為晉鶉首為秦鶉火為周鶉尾為楚壽星為鄭大火為宋析木為燕雖周亦與諸侯共列分晉趙與大梁實沈為二合吳越與星紀為一且三家分晉之後趙始列于晉昭之五年越始見而

春秋本例謹

越亦安能當十二次之列乎左氏所記梓慎裨竈之徒以星次言吉凶若合符契皆後世星家假托之辭習其見而雜記之

邾子來朝

邾悼公來朝時事也

前事載晉韓起聘周之言曰晉士起將歸時事于宰旅杜預以時事為四時貢職邾與魯列國非有屬於魯者何至其君自修其貢乎杜預謂非宋盟

此蓋傳前誤載齊事故以邾爲嫌而妄爲之辭也

仲孫羯如晉

孟孝伯如晉告將爲宋之盟故如楚也

宋盟晉楚旣同會不爭諸侯則固不嫌兩並朝也

若猶爭而各欲爲主又何告焉

二十有九年

齊高止出奔北燕

秋九月齊公孫蠆公孫竈放其大夫高止于北燕乙

未出書曰出奔罪高止也高止好以事自為功且專故難及之

放與奔異奔者避罪或避難自出放者宥而遠之或有罪或無罪然未有不出于君者今經書奔而傳謂之放又以蠆竈為言二氏雖專齊者豈有擅放其大臣而經以出奔書之乎

三十有一年

十二月北宮文子相衛襄公以如楚宋之盟故也過

鄭印段廷勞于棐林如聘禮而以勞辭文子入聘子羽為行人馮簡子與子大叔逆客事畢而出言于衛侯曰鄭有禮其數世之福也其無大國之討乎詩云誰能執熱逝不以濯禮之于政如熱之有濯也濯以救熱何患之有子產之從政也擇能而使之馮簡子能斷大事子大叔美秀而文公孫揮能知四國之為而辨于其大夫之族姓班位貴賤能否而又善為辭令裨諶能謀謀于野則獲謀于邑則否鄭國將有諸侯

春秋左傳讀

之事子產乃問四國之為于子羽且使多為辭令與裨諶乘以適野使謀可否而告馮簡子使斷之事成乃授子大叔使行之以應對賓客是以鮮有敗事北宮文子所謂有禮也

子大叔世叔游吉也公孫揮行人子羽也此蓋因論語所謂命裨諶草創者不達裨諶草創之義鑿為謀野之說是猶誤承孔父正色立朝之言而謂華督見孔父之妻於路承秦伯以千乘之富不能

容其弟之言而謂秦鍼出奔車千乘先儒固知之
矣此雖無害于經義可見傳承舊聞之誤而妄實
以事者每如是也

戊午十二月四日校

春秋左傳讞　卷六　甲

春秋左傳讞卷六

春秋左傳讞

卷七至卷十　全

春秋左傳讞

卷七　　　　宋　葉夢得　撰

昭公

元年春

叔孫豹會晉趙武楚公子圍齊國弱宋向戌衛齊惡陳公子招蔡公孫歸生鄭罕虎許人曹人于虢

遂會于虢尋宋之盟也祁午謂趙文子曰宋之盟楚

春秋不傳說
人得志於晋令尹之不信諸侯之所聞也子弗戒
懼又如宋子木之信稱於諸侯猶詐晋而駕焉況不
信之尤者乎楚重得志於晋晋之耻也子相晋國以
為盟主於今七年矣再合諸侯三合大夫服齊狄寧
東夏平秦亂城淳于師徒不頓國家不罷民無謗讟
諸侯無怨天無大災子之力也有令名矣而終之以
耻午也是懼吾子其不可以不戒文子曰武受賜矣
然宋之盟子木有禍人之心武有仁人之心是楚所

以駕於晉也今武猶是心也楚又行僭非所害也我武
將信以為本循而行之譬如農夫是穮是蓘雖有饑
饉必有豐年且吾聞之能信不為人下吾未能也詩
曰不僭不賊鮮不為則信也能為人則者不為人下
矣吾不能是難楚不為患楚令尹圍請用牲讀舊書
加于牲上而已晉人許之三月甲辰盟
宋盟不先楚吾固言之矣且是時齊以彊不交相
見不與會今為尋宋盟則齊何為而遽會乎所謂

春秋不傳說

再合諸侯者自趙武執政之後惟襄二十五年夷儀一會而已杜預蓋以二十六年澶淵當之此大夫非諸侯也平秦亂者杜預以為襄二十六年傳所載秦伯之弟鍼如晉修成者此不見於經然預謂會夷儀歲之成夷儀之會本以謀衛亦非平秦亂也三者皆不合祁午之言慮楚復欲先晉爾楚固未有是請而逆謂之楚又行僭若楚圍但請舊書而不盟則仍先晉邪不先晉邪仍先晉而經後

楚是亦追正之傳何以不言此皆不足據蓋晉史歸惡於楚之辭又附益以為祁午之言忘其有不合者宋盟傳每以諸侯守而不敢違為美今為尋盟且以為美耶而楚惡如是何足為美乎此與記向戌請賞子罕言兵之意略同不知其自相戾也既曰讀舊書加牲上矣以葵邱之盟推之孟子所謂束牲載書而不歃血者是亦盟也經安得不書杜預謂楚恐晉先歃故爾是不為盟也則傳安得

有甲辰盟之事而經不見乎

三月取鄆

季武子伐莒取鄆莒人告于會楚告於晉曰尋盟未退而魯伐莒瀆齊盟請戮其使樂桓子相趙文子欲求貨於叔孫而為之請使請帶焉弗與梁其踁曰貨以藩身子何愛焉叔孫曰諸侯之會衛社稷也我以貨免魯必受師是旤之也何衛之為人之有牆以蔽惡也牆之隙壞誰之咎也衛而惡之吾又甚焉雖怨

卌

季孫魯國何罪叔出季處有自來矣吾又誰怨然鮒也賄弗與不已召使者裂裳帛而與之曰帶其褊矣趙孟聞之曰臨患不忘國忠也思難不越官信也圖國忘死貞也謀主三者義也有是四者又可戮乎乃請諸楚曰魯雖有罪其執事不辟難畏威而敬命矣子若免之以勸左右可也若子之羣吏處不辟汚出不逃難其何患之有患之所生汚而不治難而不守所由來也能是二者又何患焉不靖其能其誰從之

春秋左傳讀

魯叔孫豹可謂能矣請免之以靖能者子會而赦有罪又賞其賢諸侯其誰不欣焉望楚而歸之視遠如邇疆埸之邑一彼一此何常之有王伯之令也引其封疆而樹之官舉之表旗而著之制令過則有刑猶不可壹於是乎虞有三苗夏有觀扈商有姺邳周有徐奄自無令王諸侯逐進狎主齊盟其又可壹乎恤大舍小足以為盟主又焉用之封疆之削何國蔑有主齊盟者誰能辯焉吳濮有釁楚之執事豈其顧盟

莒之疆事楚勿與知諸侯無煩不亦可乎莒魯爭鄆為日久矣苟無大害於其社稷可無亢也去煩宥善莫不競勸子其圖之固請諸楚楚人許之乃免叔孫

虢以正月會鄆以三月取莒安得告于會以四月載趙孟等歸入鄭則宜為已會而未散然宋盟莒無與焉亦不得來告而謂魯為瀆齊盟也且叔孫豹出會於外季武子取鄆於內事不相及非使人之罪亦安得不以詰魯而反欲戮豹是會本不推

春秋本例論

楚主盟趙孟聞樂王鮒求貨不能正而徒美叔之言為之請楚晉誠聽於楚乎謂叔為賢以非其罪而免之可矣不應併取鄆之罪以為當然使楚勿與知諸侯無煩則何貴於弭兵乎皆非伯主之言趙武誠賢則不應顛倒如是所謂叔出季處者按魯以季氏出合諸侯之事多矣何嘗專在叔孫氏其言亦無據皆不足考按魯有鄆莒亦有鄆莒鄆附庸也魯鄆邑也内取外邑必繫國而取附庸則

不繫國外 取内邑不書取而復内邑則書取 今繼
書叔弓帥師疆鄆田附庸之田則不得而疆之矣
此蓋魯鄆嘗亡於外而今復之傳不知此例而妄
言之也

夏秦伯之弟鍼出奔晉

秦后子有寵於桓如二君於景其母曰弗去懼選癸
卯鍼適晉其車千乘書曰秦伯之弟鍼出奔晉罪秦
伯也后子享晉侯造舟於河十里舍車自雍及絳歸

取酬幣終事八反司馬侯問焉曰子之車盡于此而已乎對曰此之謂多矣若能少此吾何以得見秦鍼雖富不應有千乘之車自雍及絳涉人之國多矣而十里舍車以八百乘環列於人之境往來自若而諸侯聽之古者師出猶假道況出奔乎理必無是公羊曰秦有千乘之國而不能容其母弟故君子謂出奔蓋舊有是言左氏竊聞之而不詳誤以為鍼之車千乘因附以八反之事以成其說

凡左氏所載通及戰國事而公羊穀梁無有或曰
左氏在二傳後疑其然也

晉荀吳帥師敗狄于大鹵

為五陳以相離兩於前伍於後專為右角參為左角
偏為前拒以誘之翟人笑之未陳而薄之大敗之
言五陳以相離翟人笑之則已陳矣安得為未陳
乎蓋傳不知夷狄書敗之義故强為之說以附其
未陳之例

春秋左傳讀

莒展輿出奔吳

莒展輿立而奪羣公子秩公子召去疾于齊秋齊公子鉏納去疾展輿奔吳叔弓帥師疆鄆田因莒亂也於是莒務婁瞀胡及公子滅明以大厖與常儀靡奔齊君子曰莒展之不立棄人也夫人可棄乎詩曰無競維人善矣

展輿弑父與君不識而識其棄人是何足為君子之言而録之乎

二年春晉侯使韓起來聘

二年春晉侯使韓宣子來聘且告爲政而來見禮也

此以公初即位而來於傳例所謂大國聘之者也列國卿始知政未有相告而來者况晉又霸主豈禮也哉

三年春王正月丁未滕子原卒

丁未滕子原卒同盟故書名

非也說已見前

春秋不傳諱

北燕伯欵出奔齊

燕簡公多嬖寵欲去諸大夫而立其寵人冬燕大夫比以殺公之外嬖公懼奔齊書曰北燕伯欵出奔齊罪之也

諸侯不能守其社稷而出奔無非罪也何獨於欵言之非欵則奔皆不以為罪乎杜預謂不書大夫逐之而言奔為罪之經未有言大夫逐君者蓋以社稷為重謂有君之尊而不能容於其臣臣則罪

矣而君實有以取之故正其君而臣罪自見若所謂甯殖孫林父逐其君者此舊史之辭非經所嘗言也又況欵懼而自出非有逐之者乎又謂欵罪輕於衛衎重於蔡朱故舉中以示例亦非是既均以奔為罪何擇于重輕此乃救傳之失而妄言之爾

四年春王正月大雨雹

大雨雹季武子問於申豐曰雹可禦乎對曰聖人在

[illegible]

上無雹雖有不為災古者日在北陸而藏冰西陸朝
覿而出之其藏冰也深山窮谷固陰冱寒於是乎取
之其出之也朝之祿位賓食喪祭於是乎用之其藏
之也黑牡秬黍以享司寒其出之也桃弧棘矢以除
其災其出入也時食肉之祿冰皆與焉大夫命婦喪
浴用冰祭寒而藏之獻羔而啟之公始用之火出而
畢賦自命夫命婦至於老疾無不受冰山人取之縣
人傳之輿人納之隸人藏之夫冰以風壯而以風出

其藏之也周其用之也徧則冬無愆陽夏無伏陰春無淒風秋無苦雨雷出不震無災霜雹癘疾不降民不夭札今藏川池之氷棄而不用風不越而殺雷不發而震雹之為災誰能禦之

藏氷人事也周官凌人掌氷本以給膳羞酒醴喪祭賓客之用而已無與於陰陽天事何申豐之妄而傳復録之乎若然者經之所書特以譏不取之深山涸陰而取之川池不用之禄位賓食喪祭而

棄之故爾則凡暴君賊臣不修其政以干天地之
和者但能藏氷出氷如申豐所言皆可以免矣且
既言聖君在上則氷政固修復安得有雹而不為
灾乎其言詭異非所以證經也

秋七月楚子蔡侯陳侯許男頓子胡子沈子淮夷伐吳
執齊慶封殺之遂滅賴

秋七月楚子以諸侯伐吳宋太子鄭伯先歸宋華費
遂鄭大夫從使屈申圍朱方八月甲申克之執齊慶

封而盡滅其族將弒慶封椒舉曰臣聞無瑕者可以戮人慶封唯逆命是以在此其肯從于戮乎播于諸侯焉用之王弗聽負之斧鉞以徇于諸侯使言曰無或如齊慶封弒其君弱其孤以盟其大夫慶封曰無或如楚共王之庶子圍弒其君兄之子麇而代之以盟諸侯王使速殺之遂以諸侯滅賴賴子面縛銜璧士袒輿櫬從之造于中軍王問諸椒舉對曰成王克許許僖公如是王親釋其縛受其璧焚其櫬王從之

春秋左傳讞

遷賴于鄢

穀梁云弑其兄之子而代之為君其辭略同傳之必有自矣而左氏衍麇名蓋欲成其為弑穀梁亦誤以君為兄說已見前蓋當時皆謂圍為弑不能詳而加之於麇參合二傳當如穀梁去麇名如左氏去兄字曰弑其君之子而代之乃與經合凡滅國而君不見者皆君死其位也安能更有面縛之事楚成王克許吾固已言其無有今賴子誠如許

而楚遷之鄀自當如齊人遷陽例書楚子遷賴侍

以謂之滅乎

九月取鄟

九月取鄟言易也莒亂著邱公立而不撫鄟〻叛而來故曰取凡克邑不用師徒曰取

鄟叛而來是也以為邑則非是審鄟為莒邑何不名其人言以鄟來奔是猶登叛人乎杜預謂潰散而來將帥微故不書尤非是以邑叛者非卿即大

考稱大傳議

夫將帥不與也此蓋傳不知鄣為莒附庸經于附庸書取之義蔽其以取為易之例故又以克邑不用師徒為取吾嘗言其非矣

冬十有二月乙卯叔孫豹卒

初穆子去叔孫氏及庚宗遇婦人使私為食而宿焉問其行告之故哭而送之適齊娶于國氏生孟丙仲壬夢天壓己弗勝顧而見人黑而上僂深目而豭喙號之曰牛助余乃勝之旦而皆召其徒無之且曰志

之及宣伯奔齊饋之宣伯曰魯以先子之故將存吾宗必召女召女何如對曰願之久矣魯人召之不告而歸既立所宿庚宗之婦人獻以雉問其姓對曰余子長矣能奉雉而從我矣召而見之則所夢也未問其名號之曰牛曰唯皆召其徒使視之遂使為豎有寵長使為政公孫明知叔孫於齊歸未逆國姜子明取之故怒其子長而後使逆之田於丘蕕遂遇疾焉豎牛欲亂其室而有之强與孟盟不可叔孫為孟鐘

曰爾未際饗大夫以落之既具使豎牛請日入弗謁
出命之日及賓至聞鐘聲牛曰孟有北婦人之客怒
將往牛止之賓出使拘而殺諸外牛又强與仲盟不
可仲與公御萊書觀於公公與之環使牛入示之入
不示出命佩之牛謂叔孫見仲而何叔孫曰何為曰
不見既自見矣公與之環而佩之矣遂逐之奔齊疾
急命召仲牛許而不召杜洩見告之饑渴授之戈對
曰求之而至又何去焉豎牛曰夫子疾病不欲見人

使賓饋于个而退牛弗進則置虛命徹十二月癸丑
叔孫不食乙卯卒牛立昭子而相之
叔孫豹以成十六年秋奔襄二年復見經使以是
歲歸庚宗之子終四歲果能奉雉以從其母而謂
之長乎豹亦賢臣也方不義僑如以為避禍而去
必不違禮忘恩而遽娶於齊孟丙仲壬豎牛之為
豹子固不可知而傳言詭異若徵於夢之類好奇
語怪每如此皆不足據杜洩誠忠于叔孫者方援

[illegible]

之戈能殺豎牛則叔孫可免矣乃拒而不受是寧坐視叔孫之死而不肯去豎牛豈所謂忠哉傳紀杜洩敢與季孫爭以路葬叔孫又以誣毁中軍帥士而哭之必非坐視叔孫之死而不救者兩說必有一妄

五年春

昭子即位朝其家衆曰豎牛禍叔孫氏使亂大從殺適立庶又披其邑將以赦罪罪莫大焉必速殺之豎

牛懼奔齊孟仲之子殺諸塞關之外投其首于寧風之棘上仲尼曰叔孫昭子之不勞不可能也周任有言曰為政者不賞私勞不罰私怨

昭子為豎牛所立故傳以為私勞夫豎牛殺其兄而餓死其父昭子既立義自應討是安可以為勞而以不賞為賢豈孔子之言哉

夏莒牟夷以牟婁及防茲來奔

夏莒牟夷以牟婁及防茲來奔牟夷非卿而書尊地

君[illegible]大[illegible]謂

也

非也說已見前

秋七月

戊辰叔弓帥師敗莒師于蚡泉

莒人來討不設備戊辰叔弓敗諸蚡泉莒未陳也

非也其失與太原同

冬楚子蔡侯陳侯許男頓子沈子徐人越人伐吳

冬十月楚子以諸侯及東夷伐吳以報棘櫟麻之役

遠射以繁揚之師會於夏汭越大夫常壽過帥師會
楚子于瑣聞吳師出遠啓彊帥師從之遽不設備吳
人敗諸鵲岸楚子以馹至於羅汭吳子使其弟蹶由
犒師楚人執之將以釁鼓王使問焉曰女卜來吉乎
對曰吉寡君聞君將治兵於敝邑卜之以守龜曰余
亟使人犒師請行以觀王怒之疾徐而為之備尚克
知之龜兆告吉曰克可知也君若驩焉好逆使臣茲
敝邑休怠而忘其死亡無日矣今君奮焉震電馮怒

[illegible]
虐執使臣將以釁鼓則吳知所備矣敝邑雖羸若早
修完其可以息師難易有備可謂吉矣且吳社稷是
卜豈為一人使臣獲釁軍鼓而敝邑知備以禦不虞
其為吉孰大焉國之守龜其何事不卜一臧一否其
誰能常之城濮之兆其報在邲今此行也其庸有報
志乃弗殺楚師濟於羅汭沈尹赤會楚子次於萊山
薳射帥繁揚之師先入南懷楚師從之及汝清吳不
可入楚子遂觀兵於坻箕之山是行也吳早設備楚

無功而還

如傳所言經當書吳人敗楚師于鵲岸不得但言伐且既敗則不特無功而已蓋見經以敗為伐故又從而為之辭

六年春王正月杞伯益姑卒

六年春王正月杞文公卒弔如同盟礼也

杞伯實與魯再同盟不得謂之如同盟若以謂嘗因晉取其田以為怨豈可遂廢其禮非經意不足

春秋左傳詁

以發例

秋九月大雩

秋九月大雩旱也

非也說已見前

楚薳罷帥師伐吳、

徐儀楚聘于楚楚子執之逃歸懼其叛也使薳洩伐

徐吳人救之令尹子蕩帥師伐吳師于豫章而次于

乾谿吳人敗其師于房鍾獲宮廄尹棄疾子蕩歸罪

于薳澨而殺之

如傳所言經當書吳人敗楚師于房鍾安得反言楚薳罷帥師伐吳杜預謂歸罪於薳洩不以敗告故不書然而後言弗敗則非不告矣所謂敗楚師者妄也弗敗者亦妄也

七年

七年春王正月暨齊平

七年春王正月暨齊平齊求之也癸巳齊侯次于虢燕人行成曰敝邑知罪敢不聽命先君之敝器請以

謝罪公孫晳曰受服而退俟釁而動可也二月戊午盟于濡上燕人歸燕姬賂以瑤罋玉櫝斝耳不克而還

經書及齊平及鄭平皆以魯為文蓋外平不書惟宋人及楚人平有為而特書傳言暨齊平齊求之也其意以為齊求與魯平魯不得已而從之以解暨之義暨之為言率於人而聽之之辭也其下言齊侯次于虢燕人行成者此自續去年齊侯伐北

燕將納簡公之後師次于虢爾燕人既行成而盟故不克納而還蓋傳文首尾互相見類如此本不連齊平事杜預誤以上文伐燕之事以為間無異事不重言遂謂齊伐燕燕人賂之反從求平且既言暨齊平則已平矣何用更行成若然傳亦當云燕人求之安得以為齊求之又曰不克而還則是終未嘗平經亦安得反謂之平本末皆相戾此本非傳之過自杜預之誤學者併以為傳之罪吾特

為附明之魯既暨齊平故下書叔孫婼如齊涖盟此正與定十一年冬及鄭平下書叔還如鄭涖盟者同自可以類見而不疑也

八年

楚人執陳行人干徵師殺之

楚人執陳行人干徵師殺之罪不在行人也

言罪不在行人者是也然執大夫傳初不為例今豈以經稱行人故以為非行人之罪哉若是則誤

矣稱行人自謂以事執以別已執不稱行人公羊之例是也干徵師非其罪義自在以人執非左氏所知

秋蒐于紅

秋大蒐于紅自根牟至于商衛革車千乘

經言蒐傳言大蒐蓋傳不別大蒐之義而為之故又妄謂自根牟至于商衛革車千乘以實大蒐之事自東亙西境接宋衛戎事之盛雖晉楚之疆不

者秋不傳諱

至是也

冬十月壬午楚師滅陳

冬十一月壬午滅陳輿嬖袁克殺馬毀玉以葬楚人

將殺之請寘之既又請私私於幄加經於顙而逃

經書楚師滅陳後書葬陳哀公則葬哀公者楚也

袁克但欲與衆嬖殺馬毀玉以葬之楚人不從故

止私於幄而逃其實葬之者非衆嬖也杜預乃謂

袁克葬之魯往會若葬出於袁克則誰與赴於諸

侯諸侯亦安得不畏楚而會楚亦安得聽諸侯之
會而納之此非傳失杜預之失也

十有一年
五月甲申夫人歸氏薨
大蒐于比蒲
五月齊歸薨大蒐于比蒲非禮也
喪禮本不廢國事若四時之田因以講武未可謂
之非禮所以書者不在是也前此蒐于紅與後大

蒐于昌間又定兩蒐于比蒲皆非有喪何為亦書哉

仲孫貜會邾子盟于祲祥

孟僖子會邾莊公盟于祲祥修好禮也

盟常事也傳於此特言礼蓋謂齊歸薨不廢修好發例按邾魯前此未有怨而不可釋者何遽而盟若但為修好是忘哀也以是為禮孰不可為禮

秋季孫意如會晉韓起齊國弱宋華亥衛北宮佗鄭罕

虎曹人杞人于厥憖

秋會于厥憖謀救蔡也

文十九年公子遂會晉人等救鄭傳以為趙盾宋華耦衛孔達許大夫也緩不及楚師故皆書人以懲不恪襄三十年晉人等會于澶淵宋災故傳以為叔孫豹晉趙武齊公孫蠆宋向戌衛北宮佗鄭罕虎及小邾之大夫也謀歸財而後無歸故皆書人以尤不信此果為救蔡耶則當書救以為謀救

而後不果耶則前後不及師且見貶况不行乎救灾捍患諸侯之義也宋灾無歸財而貶蔡圖謀救不果而無貶吾莫知其說矣然則此會適在圍蔡救之之時故傳意云爾是宜别以事會言救蔡者妄也

十有二年春齊高偃帥師納北燕伯于陽

十二年春齊高偃納北燕伯欵于唐因其衆也

凡經書納者皆與其納也若但因衆而不論當否

則何納之與

冬十月公子慭出奔齊

公子慭遂如晋

按魯大夫出未有不書於經者今但見冬十月慭出奔齊而不見如晋是未嘗往晋也杜預謂還不復命而奔故史不書盖後言慭與叔仲小南蒯謀季氏而從公如晋南蒯以費叛慭聞亂及郊奔齊故云爾是亦不然公孫歸父亦謀季氏不克而奔

春秋本例謬

者經先書公孫歸父如晉後書歸父還自晉至笙遂奔齊公孫敖以非禮而逃者經亦先書公孫敖如京師不至而復而後書奔莒何愍而獨不案辨義魯大夫出下有奔字末句作何愍而獨不書乎（原書不字下缺案字在夾注之首）

十有三年

夏四月楚公子比自晉歸于楚弒其君虔于乾谿楚公子棄疾殺公子比

楚子之爲令尹也殺大司馬薳掩而取其室及即位

奪薳居田遷許而質許圍蔡洧有寵於王王之滅蔡也其父死焉王使與於守而行申之會越大夫戮焉王奪鬭韋龜中犨又奪成然邑而使為郊尹蔓成然故事蔡公故薳氏之族及薳居許圍蔡洧蔓成然皆王所不禮也因羣喪職之族啓越大夫常壽過作亂圍固城克息舟城而居之觀起之死也其子從在蔡事朝吳曰今不封蔡蔡不封矣我請試之以蔡公之命召子干子晳及郊而告之情彊與之盟入襲蔡蔡

公將食見之而逃觀從使子干食坎用牲加書而速
行已徇於蔡曰蔡公召二子將納之與之盟而遣之
矣將師而從之蔡人聚將執之辭曰失賊成軍而殺
余何益乃釋之朝吳曰二三子若能死亡則如違之
以待所濟若求安定則如與之以濟所欲且違上何
適而可衆曰與之乃奉蔡公召二子而盟于鄧依陳
蔡人以國楚公子比公子黑肱公子棄疾蔓成然蔡
朝吳帥陳蔡不羮許葉之師因四族之徒以入楚及

郊陳蔡欲為名故請為武軍蔡公知之曰欲速且役
病矣請藩而已乃藩為軍蔡公使須務牟與史猈先
入因正僕人殺大子祿及公子罷敵公子比為王公
子黑肱為令尹次于魚陂公子棄疾為司馬先除王
宮使觀從從師于乾谿而遂告之且曰先歸復所後
者劓師及訾梁而潰王聞羣公子之死也自投於車
下曰人之愛其子也亦如余乎侍者曰甚焉小人老而
無子知擠于溝壑矣王曰余殺人子多矣能無及此

乎右尹子革曰請待于郊以聽國人王曰衆怒不可犯也曰若入于大都而乞師于諸侯王曰皆叛矣曰若亡于諸侯以聽大國之圖君也王曰大福不再祗取辱焉然丹乃歸于楚王沿夏將欲入鄢芋尹無宇之子申亥曰吾父再奸王命王弗誅惠孰大焉君不可忍惠不可棄吾其從王乃求王遇諸棘闈以歸夏五月癸亥王縊于芋尹申亥氏申亥以其二女殉而葬之觀從謂子干曰不殺棄疾雖得國猶受禍也子

干曰余不忍也子玉曰人將忍子吾不忍俟也乃行
國每夜駭曰王入矣乙卯夜棄疾使周走而呼曰王
至矣國人大驚使蔓成然走告子干子皙曰王至矣
國人殺君司馬將來矣君若早自圖也可以無辱衆
怒如水火焉不可為謀又有呼而走至者曰衆至矣
二子皆自殺丙辰棄疾即位名曰熊居葬子干于訾
實訾敖殺囚衣之王服而流諸漢乃取而葬之以靖
國人使子旗為令尹楚師還自徐吳人敗諸豫章獲

春秋左傳讀

其五帥平王封陳蔡復遷邑致群賂施舍寬民宥罪
舉職召觀從王曰唯爾所欲對曰臣之先佐開卜乃
使為卜尹使枝如子躬聘于鄭且致犨櫟之田事畢
弗致鄭人請曰聞諸道路將命寡君以犨櫟敢請命
對曰臣未聞命既復王問犨櫟降服而對曰臣過失
命未之致也王執其手曰子毋勤姑歸不穀有事其
告子也他年芊尹申亥以王柩告乃改葬之初靈王
卜曰余尚得天下不吉投龜詬天而呼曰是區區者

而不余畀余必自取之民患王之無厭也故從亂如歸初共王無冢適有寵子五人無適立焉乃大有事于羣望而祈曰請神擇于五人者使主社稷乃歸徧以璧見于羣望曰當璧而拜者神所立也誰敢違之既乃與巴姬密埋璧于太室之庭使五人齊而長入拜康王跨之靈王肘加焉子干子晳皆遠之平王弱抱而入再拜皆厭紐鬬韋龜屬成然焉且曰棄禮違命楚其危哉子干歸韓宣子問于叔向曰子干其濟

春秋左傳讀

乎對曰難宣子曰同惡相求如市賈焉何難對曰無與同好誰與同惡取國有五難有寵而無人一也有人而無主二也有主而無謀三也有謀而無民四也有民而無德五也子干在晉十三年矣晉楚之從不聞達者可謂無人族盡親叛可謂無主無釁而動可謂無謀為羇終世可謂無民亡無愛徵可謂無德王虐而不忌楚君子干涉五難以弒舊君誰能濟之有楚國者其棄疾乎君陳蔡城外屬焉苛慝不作盜賊

伏隱私欲不違民無怨心先神命之國民信之芊姓有亂必季實立楚之常也獲神一也有民二也令德三也寵貴四也居常五也有五利以去五難誰能害之子干之官則右尹也數其貴寵則庶子也以神所命則又遠之其貴亡矣其寵棄矣民無懷焉國無與焉將何以立宣子曰齊桓晉文不亦是乎對曰齊桓衛姬之子也有寵於僖有鮑叔牙賓須無隰朋以為輔佐有莒衛以為外主有國高以為內主從善如流

春秋左傳讀

流下善齊肅不藏賄不從欲施舍不倦求善不厭是
以有國不亦宜乎我先君文公狐季姬之子也有寵
於獻好學而不貳生十七年有士五人有先大夫子
餘子犯以為腹心有魏犨賈佗以為股肱有齊宋秦
楚以為外主有欒郤狐先以為內主亡十九年守志
彌篤惠懷棄民民從而與之獻無異親民無異望天
方相晉將何以代文此二君者異於子干共有寵子
國有奧主無施於民無援于外去晉而不送歸楚而

不逆何以奠國

傳記此事始末皆相庚朝吳者蔡大夫也蔡公者公子棄疾也子干者公子比也觀從者起之子也郟敖之死比先奔在晉靈王即位滅蔡封棄疾以為蔡公朝吳在焉觀從疑起被誅奔蔡是以得事朝吳則從乃旅人爾蔡以國為邑地非不廣也棄疾以公子有一國力非不彊也觀從非專楚國者安能矯棄疾之命召比于外內劫棄疾而與之盟

乎若然是制在觀從而棄疾無能為矣安得蔡人復聚而欲執從、辭而後得釋朝吳又教其衆奉蔡公而召二子盟正使為質是亦朝吳與從同衆謀畏國人不聽假棄疾以定之也及其入楚乃言蔡公殺太子而公子比為王棄疾為司馬然則使比為王者比自取之乎觀從為之乎棄疾命之乎其言使觀從從師于乾谿者比乎棄疾乎是皆不可明也棄疾前襲之而逃召之而盟一皆聽于觀從則從之師于乾谿何待人之所使也此皆與其初言不同推傳意觀從但欲報靈以復父之讎爾棄疾可劫而從則非不可與為亂者也何為不逆取于棄疾而遠求於比按經但書楚公子比自晉歸于楚以晉有奉也若觀從召之自當如傳國逆例書入不得謂之自據公羊言靈王為無道作乾谿之臺三年不成楚公子棄疾脅比而立之然後令于乾谿之役曰此已立矣後歸者不得復其田

里衆罷而去靈王乃縊死此言差近實以公羊之言考於經則比闇蘧氏等亂假晉援以歸非從之召也棄疾有篡弒之意不敢自為共王之子比次靈王棄疾最幼乃以序脅立比迫殺靈王而歸惡於比殺之以自立比之得罪於春秋者不能以死拒棄疾而君也亦非觀從之為比不立則靈王不遽死故經以比主弒比當弒而後正棄疾之罪書曰公子棄疾殺公子比以當上之辭言之則棄疾

之惡亦無所逃凡傳之辭皆不可據也　觀從始謀不與棄疾而召子干于外其奉棄疾而盟者非得已也子干既為王而靈王死無不如志則殺棄疾惟其所為爾何為復謀于子干而請乎棄疾既知其嘗欲不利于己殺其所立而召之觀從能弒君以復父讎非不智而苟得者亦何為敢從其召而區區于卜尹此其事亦不類尤可見前言之妄叔向之言與楚事相表裏豈盡豫知之乎子干亦

共王之子也如傳所言有觀從以為之先辛國人而共聽之不可謂之無寵無主無謀無民方具始歸非有意于弑靈王亦安得為涉五難而弑舊君乎棄疾初未見有德于楚者一觀從召子干于外而迫之未見有援者則何以謂之有德與民其獲神之事以壓紐言之此楚之私卜必非晉所得知以為貴而居常則又妄矣若以為寵貴傳固謂共王無冢嫡則比與棄疾皆庶子也傳同以為寵子

又何以獨責棄疾而賊比乎凡大夫公子奔而反國非内有主而召則假于外援而納也比自晉歸宜叔向之所知以經書自晉歸于楚則晉爲有奉不得爲去晉而不送以傳記觀從以蔡公之命召比則楚爲有主不得爲歸楚而不逆兩者皆無當此亦非叔向之言附會之辭也

八月甲戌同盟于平丘

公不與盟

春秋左傳讞　卷七　三十二

春秋左傳讀

晉人將尋盟齊人不可晉侯使叔向告劉獻公曰抑齊人不盟若之何對曰盟以底信君苟有信諸侯不貳何患焉告之以文辭董之以武師雖齊不許君庸多矣天子之老請帥王賦元戎十乘以先啓行遲速唯君叔向告于齊曰諸侯求盟已在此矣今君弗利寡君以為請對曰諸侯討貳則有尋盟若皆用命何盟之尋叔向曰國家之敗有事而無業事則不經有業而無禮經則不序有禮而無威序則不共有威而

不昭共則不明不明棄共百事不終所由傾覆也是故明王之制使諸侯歲聘以志業間朝以講禮再朝而會以示威再會而盟以顯昭明志業於好講禮於等示威於衆昭明於神自古以來未之或失也存亡之道恒由是興晉禮主盟懼有不治奉承齊犧而布諸君求終事也君曰余必廢之何齊之有唯君圖之寡君聞命矣齊人懼對曰小國言之大國制之敢不聽從既聞命矣敬共以往遲速唯君叔向曰諸侯有

春秋左傳讀

間矣不可以不示衆八月辛未治兵建而不旆壬申
復旆之諸侯畏之邾人莒人愬于晉曰魯朝夕伐我
幾亡矣我之不共魯故之以晉侯不見公使叔向來
辭曰諸侯將以甲戌盟寡君知不得事君矣請君無
勤子服惠伯對曰君信蠻夷之訴以絶兄弟之國棄
周公之後亦唯君寡君聞命矣叔向曰寡君有甲車四
千乘在雖以無道行之必可畏也況其率道其何敵之
有牛雖瘠僨於豚上其畏不死南蒯子仲之憂其庸

可棄乎若奉晉之衆用諸侯之師因邾莒杞鄫之怒以討魯罪閒其二憂何求而弗克魯人懼聽命甲戌同盟于平丘齊服也

前言晉成虒祁諸侯歸而有貳心為魯取鄆將與諸侯來討而吳不至故復徵會合諸侯于平丘齊固已與會矣自十一年齊國弱會于厥憖中間未嘗有隙今齊侯辭會但以非貳心則不必尋盟不特為己言諸侯皆不必盟也何言齊服哉此傳蔽

于以同盟爲服異故彊爲之辭桉後言蔡侯廬歸于蔡陳侯吴歸于陳此舉再地平丘蓋善之當爲謀陳蔡故楚懼而遽復之也　再朝而會以示威則天子六年五服一朝之制也再會而盟以顯昭明則又六年王乃時巡之制也皆非諸侯所得爲此霸主權時之宜以爲明王之制叔向固已妄矣而傳録之豈遂以爲然乎

蔡侯廬歸于陳蔡侯吴歸于陳、

隱太子之子廬歸于蔡禮也悼太子之子吳歸于陳禮也

經書蔡侯廬歸于蔡陳侯吳歸于陳未復國而先以爵名之蓋不與楚滅而復有專封之意豈所謂禮哉

冬十月葬蔡靈公

冬十月葬蔡靈公禮也

楚前滅陳葬陳哀公後滅蔡而靈公未葬故廬歸

[illegible][illegible]三字欠

卷七　三五

而葬之此常事爾傳獨以為禮豈亦以為楚葬之故哉此不足以發例杜預謂嫌楚所封不得比諸侯故明之非傳意也

十有四年春意如至自晋

十四年春意如至自晋尊晋罪已也尊晋罪已禮也

魯大夫以國事執皆書至何尊晋罪已之云齊人執單伯單伯至自齊晋人執我行人叔孫婼婼至自晋何以不言哉此亦傳不達一事再見卒名之

義每以舍族意之爾

春秋左傳讞　卷七　三六

春秋左傳讞

春秋左傳讞卷七

春秋左傳讞

宋　葉夢得　撰

卷八

昭公

十有五年

秋晉荀吴帥師伐鮮虞

晉荀吴帥師伐鮮虞圍鼓鼓人或請以城叛穆子弗許左右曰師徒不勤而可以獲城何故不爲穆子曰

[illegible]穆子伐[illegible]

吾聞諸叔向曰好惡不愆民知所適事無不濟或以吾城叛吾所甚惡也人以城來吾獨何好焉賞所甚惡若所好何若其弗賞是失信也何以庇民力能則進否則退量力而行吾不可以欲城而邇姦所喪滋多使鼓人殺叛人而繕守備圍鼓三月鼓人或請降使其民見曰猶有食色姑修而城軍吏曰獲城而弗取勤民而頓兵何以事君穆子曰吾以事君也獲一邑而教民怠將焉用邑邑以賈怠不如完舊賈怠無

卒棄舊不祥鼓人能事其君我亦能事吾君率義不爽好惡不愆城可獲而民知義所有死命而無二心不亦可乎鼓人告食竭力盡而後取之克鼓而反不戮一人以鼓子鳶鞮歸

傳十二年言晉假道鮮虞滅肥以肥子綿臯歸今言伐鮮虞圍鼓杜預以肥為白狄鮮虞與鼓為其別種則二國自不同若赤狄之有潞氏甲氏也今經言伐鮮虞則安得謂之圍鼓乎鮮虞之為白狄

別種本無所據説者但以赤狄種已盡推之爾其
説未必然吾意鮮虞燕晉之間小國如廧咎如之
類昭公以後暴彊稍能為晉患故十二年始以伐
見經自是迄哀凡四伐晉卒未嘗得志傳于十二年伐
之前先言滅肥于此又言滅鼓皆無足據適以亂經也
十二月晉荀躒如周葬穆后籍談為介既葬除喪以
文伯宴樽以魯壺王曰伯氏諸侯皆有以鎮撫王室
晉獨無有何也文伯揖籍談對曰諸侯之封也皆受

明器於王室以鎮撫其社稷故能薦彝器于王晉居
深山戎狄之與鄰而遠于王室王靈不及拜戎不暇
其何以獻器王曰叔氏而忘諸乎叔父唐叔成王之
母弟也其反無分乎密須之鼓與其大路文所以大
蒐也闕鞏之甲武所以克商也唐叔受之以處參虛
匡有戎狄其後襄之二路鏚鉞秬鬯彤弓虎賁文公
受之以有南陽之田撫征東夏非分而何夫有勳而
不廢有績而載奉之以土田撫之以彝器旌之以車

服明之以文章子孫不忘所謂福也福祚之不登叔
父焉在且昔而高祖孫伯黶司晉之典籍以為大政
故曰籍氏及辛有之二子董之晉于是乎有董史女
司典之後也何故忘之籍談不能對賓出王曰籍父
其無後乎數典而忘其祖籍談歸以告叔向叔向曰
王其不終乎吾聞之所樂必卒焉今王樂憂若卒以
憂不可謂終王一歲而有三年之喪二焉于是乎以
喪賓宴又求彝器樂憂甚矣且非礼也彝器之來嘉

功之由非由喪也三年之喪雖貴遂服禮也王雖弗
遂宴樂以早亦非禮也
傳記此言其意在王其不終乎一辭欲附會後王
室亂張本所謂三年之喪二者穆后與太子壽也
禮父為長子正體而傳重則斬衰三年而夫為妻
則期而已何得並言三年乎杜預知其非乃言天
子絕期唯服三年故后雖期通謂之三年喪夫言
絕期則雖后且不服矣除喪而宴固未必為道何

反進而以三年責之乎所謂三年之喪雖責遂服者是矣亦不當以非三年之喪而責其遂服吾謂叔向以后除喪而宴忘其為太子之喪以譏王則可不得併后之喪參而為三傳欲成其為王室亂故又從而為之辭亦未必叔向本意也

十有六年春

楚子誘戎蠻子殺之

楚子闇蠻氏之亂也與蠻子之無質也使然丹誘戎

蛮子嘉殺之遂取蠻氏既而復立其子焉禮也

經書楚子誘戎蠻子殺之此與言誘蔡侯般殺之于申者同誘人之君而殺之其惡深矣傳見滅蔡不見滅戎蠻子故以為禮不知其貶在誘不在滅誘人之父而立其子尚足為禮乎

九月大雩

九月大雩旱也

非也說已見前

春秋左傳說

十有七年

夏六月甲戌朔日有食之

祝史請所用幣昭子曰日有食之天子不舉伐鼓於
社諸侯用幣於社伐鼓於朝禮也平子禦之曰止也
唯正月朔慝未作日有食之於是乎有伐鼓用幣禮
也其餘則否太史曰在此月也日過分而未至三辰
有災于是乎百官降物君不舉辟移時樂奏鼓祝用
幣史用辭故夏書曰辰不集於房瞽奏鼓嗇夫馳庶

人走此月朔之謂也當夏四月是謂孟夏平子弗從

昭子退曰夫子將有異志不君君矣

昭子之言天子諸侯之禮是矣而言用於正月則太史與平子皆失之所謂正月者建巳純陽之月周之六月夏之四月也是時陽已極而陰未萌故言慝未作平子雖知其説而不盡其義復以周正數之謂此六月非四月故太史辨之曰日過分而未至謂過春分而未夏至此言正月則是而謂禮

春秋左傳讀

必行於此月則非按夏書辰弗集于房以季秋言之則先王之礼不獨在四月凡食皆舉之矣經書日食三十六其言鼓用牲于社者三而已其二皆在六月則見襲用太史之言獨行於建巳之月為非也其一在九月則見其三十三皆不舉獨此一舉為得禮以見正也傳不知此而惑於太史之言故誤以莊二十五年援之為例説已見前

秋郯子來朝、

秋郯子來朝公與之宴昭子問焉曰少皞氏鳥名官何故也郯子曰吾祖也我知之昔者黄帝氏以雲紀故為雲師而雲名炎帝氏以火紀故為火師而火名共工氏以水紀故為水師而水名太皞氏以龍紀故為龍師而龍名我高祖少皞摯之立也鳳鳥適至故紀于鳥為鳥師而鳥名鳳鳥氏歷正也玄鳥氏司分者也伯趙氏司至者也青鳥氏司啓者也丹鳥氏司閉者也祝鳩氏司徒也鴡鳩氏司馬也鳲鳩氏司空

春秋左傳讀

也爽鳩氏司寇也鶻鳩氏司事也五鳩鳩民者也五
雉為五工正利器用正度量夷民者也九扈為九農
正扈民無淫者也自顓頊以來不能紀遠乃紀于近
為民師而命以民事則不能故也仲尼聞之見于郯
子而學之既而告之曰吾聞之天子失官學在四夷
猶信

按後蔡墨言曰少皞氏有四叔重為句芒該為蓐
收脩及熙為玄冥是所謂木正金正水正者此亦

參見他書宜可信不聞其以鳥為名郯在中國既少皞氏後不得為四夷其說與仲尼之言皆近于誣不足信也

八月晉荀吳帥師滅陸渾之戎

九月丁卯晉荀吳帥師涉自棘津使祭史先用牲於雒陸渾人弗知師從之庚午遂滅陸渾數之以其貳於楚也陸渾子奔楚

國滅而君不見者死於位也則陸渾子安得復奔

春秋左傳詁

楚蓋傳不知滅例說已見前

楚人及吳戰于長岸、

戰于長岸子魚先死楚師繼之大敗吳師獲其乘舟餘皇使隨人與後至者守之環而塹之及泉盈其隧炭陳以待命吳公子光請於其衆曰喪先王之乘舟豈唯光之罪衆亦有焉請藉取之以救死衆許之使長鬣者三人潛伏于舟側曰我呼餘皇則對師夜從之三呼皆迭對楚人從而殺之楚師亂吳人大敗之

取餘皇以歸

經言楚人及吳戰于長岸此猶文七年及秦人戰于令狐者事有同時不以前後勝敗相乘除今此先言楚敗吳師後言吳敗楚師既畢事自當各見不得以戰例書蓋傳嘗聞交綏書戰之說而不詳其義故欲以前後勝負兩有為辭其實妄也

十有八年

七月鄭子產為火故大為社祓禳於四方振除火灾

春秋左傳詁

禮也乃簡兵大蒐將為蒐除子太叔之廟在道南其寢在道北其庭小過期三日使除徒陳于道南廟北曰子產過女而命速除乃毀于而鄉子產朝過而怒之除者南毀子產及衝使從者止之曰毀于北方

按十二年傳載鄭簡公卒將為葬除及游氏之廟將毀焉子太叔使其除徒執用以立而無庸毀曰子產過而問何故不毀乃曰不忍廟也諾將毀矣遂弗毀傳謂君子以子產為知禮禮無毀人以自

成也子大叔即世叔游吉也皆游氏之廟何前則不使之毀今則怒而必使之毀乎前以葬簡尚不毀今乃為蒐而毀以前為知禮則今不知禮乎此乃一事傳雜記所聞不能辨而複書亦可見其務博而不精者如此

二十年

秋盜殺衛侯之兄縶

衛公孟縶狎齊豹奪之司寇與鄄有役則反之無則

春秋左傳讀

取之公孟惡北宫喜褚師圃欲去之公子朝通于襄夫人宣姜懼而欲以作亂故齊豹北宫喜褚師圃公子朝作亂初齊豹見宗魯于公孟為驂乘焉將作亂而謂之曰公孟之不善子所知也勿與乘吾將殺之對曰吾由子事公孟子假吾名焉故不吾遠也雖其不善吾亦知之抑以利故不能去是吾過也今聞難而逃是僭子也子行事乎吾將死之以周事子而歸死于公孟其可也丙辰衛侯在平壽公孟有事于蓋

獲之門外齊子氏帷於門外而伏甲焉使祝鼃寘戈
於車薪以當門使一乘從公孟以出使華齊御公孟
宗魯驂乘及閎中齊氏用戈擊公孟宗魯以背蔽之
斷肱以中公孟之肩皆殺之公聞亂乘驅自閱門入
慶比御公公南楚驂乘使華寅乘貳車及公宮鴻駵
魋驂乘于公公載寶以出褚師子申遇公于馬路之
衢遂從過齊氏使華寅肉袒執蓋以當其闕齊氏射
公中南楚之背公遂出寅閉郭門踰而從公公如死

鳥析朱鉏宵從竇出徒行從公齊侯使公孫青聘于衛既出聞衛亂使請所聘公曰猶在竟內則衛君也乃將事焉遂從諸死鳥請將事辭曰亡人不佞失守社稷越在草莽吾子無所辱君命賓曰寡君命下臣于朝曰阿下執事臣不敢貳主人曰君若惠顧先君之好照臨敝邑鎮撫其社稷則有宗祧在乃止衛侯固請見之不獲命以其良馬見為未致使故也衛侯以為乘馬賓將掫主人辭曰亡人之憂不可以及吾

子草莽之中不足以辱從者敢辭賓曰寡君之下臣君之牧圉也若不獲扞外役是不有寡君也臣懼不免於戾請以除死親執鐸終夕與於燎齊氏之宰渠子召北宮子北宮氏之宰不與聞謀殺渠子遂伐齊氏滅之丁巳晦公入與北宮喜盟于彭水之上秋七月戊午朔遂盟國人八月辛亥公子朝褚師圃子玉霄子高魴出奔晉閏月戊辰殺宣姜衛侯賜北宮喜謚曰貞子賜析朱鉏謚曰成子而以齊氏之墓予之

春秋本傳說

衛侯告寧于齊且言子石齊侯將飲酒徧賜大夫曰
二三子之教也苑何忌辭曰與于青之賞必及于其
罰在康誥曰父子兄弟罪不相及況在羣臣臣敢貪
君賜以干先王琴張聞宗魯死將往弔之仲尼曰齊
豹之盜而孟縶之賊女何弔焉君子不食姦不受亂
不為利疚于回不以回待人不蓋不義不犯非禮
經書盜殺衛侯之兄縶盜賊者之稱也齊豹誠司
寇何不書名氏而謂之盜乎盜傳為求名不得之

說謂春秋所書云尔夫所貴于名者謂其善足以稱于世也國之正卿不能守禮于國之紀而殺其君之兄不畏罪而奔則君且討之矣是安足以為名哉或曰豹已去司寇故以盜書欒盈良霄雖去大夫晉鄭殺之但不言大夫未聞其為盜也且縶衛侯之兄爾安能奪卿之官與邑又從而反之取之而豹無不聽此理之必不然者也傳記豹事大抵皆龐雜失實如言殺宣姜賜北宮喜析朱鉏謚宣姜

春秋左傳詁

襄公夫人靈公之嫡母也雖言與公子朝通謀靈
豈殺其嫡 母乎詭異可駭甚矣北宮喜本嫡黨其
滅齊氏事由其宰非出於喜何足以爲貞且未死
而賜之謚亦不近人情杜預謂皆未死而賜傳終
言之此 以救其失則可考傳之意則不然也殆將
與賵仲子者同

二十有二年

夏四月乙丑天王崩六月叔鞅如京師葬景王

叔鞅至自京師言王室之亂也閔馬父曰子朝必不克其所與者天所廢也

傳鮮王室亂而證以叔鞅之言意謂王不告敗因叔鞅得之無所主名故杜預謂承叔鞅言書之所以但言亂據傳例滅不告敗勝不告克不書于策今王既不告敗可以叔鞅之言而書乎蓋傳不曉書亂之義而妄以為之辭故亦妄以為例且閔馬父曰子朝必不克則魯人固已知為亂者為王子

朝矣何叔鞅反不知之乎

冬十月王子猛卒

十一月乙酉王子猛卒乙酉在十一月經書十月誤不成喪也

未踰年之君礼自當稱子穀梁名杜預謂不成喪禮釋所以不稱王崩夫未稱王則自不得稱王崩何所疑而發例哉度傳意蓋謂前稱王猛以為當稱王故今以不成喪復稱王子猛非特不知書子之義亦固不知前書王之義也

二十有三年春王正月叔孫婼如晉癸丑叔鞅卒晉人執我行人叔孫婼

邾人城翼還將自離姑公孫鉏曰魯將御我欲自武城還循山而南徐鉏丘弱茅地曰道下過雨將不出是不歸也遂自離姑武城人塞其前斷其後之木而弗殊邾師過之乃推而蹷之遂取邾師獲鉏弱地邾人愬于晉晉人來討叔孫婼如晉晉人執之書曰晉人執我行人叔孫婼言使人也

傳記邾人城翼在庚戌晉師還之後經書叔孫婼如晉在癸丑叔鞅卒之前自庚戌至癸丑四日邾還而敗於魯復往而愬於晉晉人以邾人之愬來討婼以晉人之討如晉四日之内果能辨此乎杜預謂取邾師不書非公命是矣然不應神速如此則取邾師固未必然婼之見執或別自以使事也

秋七月

戊辰吳敗頓胡沈蔡陳許之師于雞父

戊辰晦戰于雞父吳子以罪人三千先犯胡沈與陳三國爭之吳為三軍以繫于後中軍從王光帥右掩餘帥左吳之罪人或奔或止三國亂吳師擊之三國敗獲胡沈之君及陳大夫舍胡沈之囚使奔許與蔡頓曰吾君死矣師譟而從之三國奔楚師大奔書曰胡子髡沈子逞滅獲陳夏齧君臣之辭也不言戰楚未陳也

經書吳敗頓胡沈蔡陳許之師于雞父而不及楚

春秋不傳說

審如傳言楚未陳則餘六國皆陳矣據傳例皆陳曰戰未陳曰敗某師不應以楚未陳而六國皆書敗以傳考之吳人禦楚師于鍾離而六國敗于雞父其地自不同當是子瑕卒楚師止於鍾離不進吳獨與六國戰於雞父乘其不同心皆未陳而擊之楚實不與故不書所謂楚必大奔楚師大奔楚未陳者皆妄也

二十四年

秋八月大雩

秋八月大雩旱也

非也說已見前

冬吳滅巢、

楚子為舟師以略吳疆沈尹戌曰此行也楚必亡邑不撫民而勞之吳不動而速之吳踵楚而疆埸無備邑能無亡乎越大夫胥犴勞王於豫章之汭越公子倉歸王乘舟倉及壽夢帥師從王王及圉陽而還吳

春秋左傳詳

人踵楚而還人不備遂滅巢及踵離而還
外取邑不書巢言滅則國矣非邑也傳誤以巢為
邑故記沈尹戌之言亦不能詳以為亡邑云

二十有五年

秋七月上辛大雩季辛又雩

秋書再雩旱甚也

經書秋七月上辛大雩則已得雨矣不相去二十
日而復旱甚此蓋有為而為之公羊言聚衆以逐

季氏者是也故復書自可以見其非旱傳盖不知
書雩例故於此復失之云

二十有六年春

三月公至自齊居于鄆

夏公圍成

秋公會齊侯莒子邾子杞伯盟于鄟陵

夏齊侯將納公命無受魯貨申豐從女賈以幣錦二
兩縛一如瑱適齊師謂子猶之人高齮能貨子猶為

春秋左傳讀

高氏後栗五千庾高齮以錦示子猶子猶欲之齮曰魯人買之百兩一布以道之不通先入幣財子猶受之言於齊侯曰羣臣不盡力于魯君者非不能事君也然據有異焉宋元公為魯君如晉卒於曲棘叔孫昭子求納其君無疾而死不知天之棄魯耶抑魯君有罪於鬼神故及此也君若待于曲棘使羣臣從魯君以卜焉若可師有濟也君而繼之茲無敵矣若其無成君無辱焉齊侯從之使公子鉏帥師從公成大

夫公孫朝謂平子曰有都以衛國也請我受師許之請納質弗許曰信女足矣告於齊師曰孟氏魯之敝室也用成已甚弗能忍也請息肩於齊齊師圍成成人伐齊師之飲馬于淄者曰將以厭衆魯成備而後告曰不勝衆師及齊師戰于炊鼻

豐胥枉預以為季氏家臣子猶梁邱據也齊侯取鄆欲居公雖法不應書而特書今以師從公成人拒之而戰于炊鼻何為經不少見哉按經書曰夏公

圍成而已經書秋公會齊侯莒子邾子杞伯盟于鄟陵傳曰謀納公也若如梁邱據之言齊侯欲納公而據請先以羣臣卜之無成則君無辱今圍成不克可謂無成矣齊侯何爲反會諸侯而謀納公哉不惟自相戾而經無異文宜無有也

九月庚申楚子居卒

九月楚平王卒令尹子常欲立子西曰太子壬弱其母非適也王子建實聘之子西長而好善立長則順

建善則治王順國治可不務乎子西怒曰是亂國而惡君王也國有外援不可瀆也王有適嗣不可亂也敗親速讎亂嗣不祥我受其名賂吾以天下吾滋不從也楚國何為必殺令尹令尹懼乃立昭王

言其母非適則昭王安得為適嗣此蓋子西與昭王皆庶子而子西長故子常欲之立子西以平王已立昭王為太子故不敢當非謂不敢亂適左氏傳之誤也

春秋左傳 註

齊有彗星齊侯使禳之晏子曰無益也祇取誣焉天道不慆不貳其命若之何禳之且天之有彗也以除穢也君無穢德又何禳焉若德之穢禳之何損詩曰唯此文王小心翼翼昭事上帝聿懷多福厥德不回以受方國君無違德方國將至何患於彗詩曰我無所監夏后及商用亂之故民卒流亡若德回亂民將流亡祝史之為無能補也公說乃止

外災以告則書星諸國之所共見也故不待告而

見於經今不見於經者杜預以為出齊之分野魯不見故不書夫安有齊見而魯不見者乎天變亦何嘗限以分野有星孛于大辰大辰宋地也何為而亦書乎彗即孛也此蓋十七年大辰之變誤記於此爾

二十有八年春

公如晉次于乾侯

公如晉將如乾侯子家子曰有求於人而即其安人

君秋矣何諱
孰矜之其造于竟弗聽使請逆於晉晉人曰天禍魯
國君淹恤在外君亦不使一个辱在寡人而即安於
甥舅其亦使逆君使公復于竟而後逆之
　按去年會于扈傳謂且謀納公宋衛皆同請之范
獻子取貨季孫而止魯若不告晉安得與諸侯同
會則所謂不使一个辱在寡人者非晉侯之辭也
三十年春王正月公在乾侯
三十年春王正月公在乾侯不先書鄆與乾侯非公

且徵過也
鄆不書在魯邑也乾侯者在晉邑也此其理甚明
傳不知而妄為之辭且昭公之失德久矣豈至是
始非之而言其過乎杜預附會鄆潰不用子家之
事益見其妄

三十有一年春王正月公在乾侯

三十一年春王正月公在乾侯言不能外内也
非也說已見前

春秋左傳讀

冬黑肱以濫來奔

冬邾黑肱以濫來奔賤而書名重地故也君子曰名之不可不慎也如是夫有所有名而不如其已以地叛雖賤必書地以名其人終為不義弗可滅已是故君子動則思禮行則思義不為利回不為義疚或求名而不得或欲蓋而名章懲不義也齊豹為衛司寇守嗣大夫作而不義其書為盜邾庶其莒牟夷邾黑肱以土地出求食而已不求其名賤而必書此二物

者所以懲肆而去貪也若艱難其身以險危大人而有名章徹攻難之士將奔走之若竊邑叛君以徼大利而無名貪冒之民將寘力焉是以春秋書齊豹曰盜三叛人名以懲不義數惡無禮其善志也故曰春秋之稱微而顯婉而辨上之人能使昭明善人勸焉淫人懼焉是以君子貴之

傳所記君子之言與經皆不合無足取信說已見前

三十有二年春王正月公在乾侯取闞

三十二年春王正月公在乾侯言不能外内又不能用其人也

書在乾侯同一辭而三為說其妄益可見

春秋左傳讞卷八

春秋左傳讞

宋　葉夢得　撰

卷九

定公

元年春王正月（經無正月二字此誤衍）

元年春王正月辛巳晉魏舒合諸侯之大夫于狄泉將以城成周魏子涖政衛彪傒曰將建天子而易位以令非義也大事奸義必有大咎晉不失諸侯魏子

春秋大傳謂

其不免乎是行也魏獻子屬役於韓簡子及原壽過
而田於大陸焚焉還卒於寗范獻子去其柏椁以其
未復命而田也

正月晉魏舒合諸侯之大夫于狄泉將以城成周
右昭三十二年經書冬仲孫何忌會晉韓不信齊
高張宋仲幾衛世叔申鄭國參曹人莒人薛人杞
人小邾人城成周初不言盟傳以為十一月晉魏
舒韓不信如京師合諸侯之大夫于狄泉尋盟且

合城成周若然則經安得不書乎杜預謂時公在
外未及告公已薨其意若曰何忌之盟非公命故
不書夫盟與城一事也盟非公命則城亦非公命
既不書盟則安得復書城乎且傳于此年正月方
記城事則盟在去年十一月城在今年正月亦安
得于去年以盟為城而今年反不書乎以理考之
霸主合諸侯有事懼其不同心故有盟今既天子
遣使告晉晉以天子之命率諸侯則事已成矣何

待於盟傳橫生此說蓋見後書三月執宋仲幾去年十一月興役今年三月方畢工以為久故妄謂先盟而後城爾所載魏獻子南面事亦無可取信經但見韓不信使舉上客經之常例也若魏舒主焉亦無捨舒而載不信之理疑以田而焚死好奇而附會之

二年

秋楚人伐吳

秋囊瓦伐吳師於豫章吳人見舟于豫章而潛師于巢冬十月吳軍楚師于豫章敗之遂圍巢克之獲楚公子繁

巢於昭二十四年已滅於吳矣今安得復有巢按經但書楚人伐吳如傳所言乃謂吳誘楚師而取其邑亦安得不如傳例書吳敗楚師于豫章而反記楚伐乎傳前記楚為舟師以畧吳疆越大夫勞王于豫章之汭及還吳人踵楚而滅巢與此蓋一

春秋不傳言

役也吳見舟于豫章以禦楚而潛乘楚退滅巢以取其與國傳誤分為二故復出於此爾杜預謂楚囊瓦稱人見誘以敗軍夫不責吳之誘人以倖勝而責楚之見誘而致敗尤可見其陋也

四年春

三月公會劉子晉侯宋公蔡侯衛侯陳子鄭伯許男曹伯莒子邾子頓子胡子滕子薛伯杞伯小邾子齊國夏于召陵侵楚

四年春三月劉文公合諸侯于召陵謀伐楚也晉荀寅求貨於蔡侯弗得言於范獻子曰國家方危諸侯方貳將以襲敵不亦難乎水潦方降疾瘧方起中山不服棄盟取怨無損於楚而失中山不如辭蔡侯吾自方城以來楚未可以得志祇取勤焉乃辭蔡侯衛侯使祝佗私於萇弘曰聞諸道路不知信否若聞蔡將先衛信乎萇宏曰信蔡叔康叔之兄也先衛不亦可乎子魚曰以先王觀之則尚德也昔武王克商成

役也吳見舟于豫章以禦楚而潛乘楚退滅巢以取其與國傳誤分為二故復出於此爾杜預謂楚囊瓦稱人見誘以敗軍夫不責吳之誘人以倖勝而責楚之見誘而致敗尤可見其陋也

四年春

三月公會劉子晉侯宋公蔡侯衛侯陳子鄭伯許男曹伯莒子邾子頓子胡子滕子薛伯杞伯小邾子齊國夏于召陵侵楚

春秋左傳讞　卷九　四

日前擲下春秋左傳讞七本今已抄
畢共抄見算肆佰貳拾伍條一
併遣來人呈上如有抄物即交帶下
不悞此請
張養爺升
姪蔣國華字
送至吉由巷西口便是

春秋左傳詁

王定之選建明德以藩屏周故周公相王室以尹天
下於周為睦分魯公以大路大旂夏后氏之璜封父
之繁弱殷民六族條氏徐氏蕭氏索氏長勺氏尾勺
氏使帥其宗氏輯其分族將其類醜以法則周公用
即命于周是使之職事于魯以昭周公之明德分之
土田陪敦祝宗卜史備物典策官司彝器因商奄之
民命以伯禽而封於少皞之虛分康叔以大路少帛
綪茷旃旌大呂殷民七族陶氏施氏繁氏錡氏樊氏

饑氏終葵氏封畛土畧自武父以南及圃田之北竟
取於有閻之土以供王職取於相土之東都以會王
之東蒐聃季授土陶叔授民命以康誥而封於殷虛
皆啓以商政疆以周索分唐叔以大路密須之鼓闕
鞏沽洗懷姓九宗職官五正命以唐誥而封於夏虛
啓以夏政疆以戎索三者皆叔也而有令德故昭之
以分物不然文武成康之伯猶多而不獲是分也唯
不尚年也管蔡啓商惎間王室王於是乎殺管叔而

春秋左傳讀

蔡蔡叔以車七乘徒七十人其子蔡仲改行帥德周公舉之以為己卿士見諸王而命之以蔡其命書云王曰胡無若爾考之違王命也若之何其使蔡先衛也武王之母弟八人周公為大宰康叔為司冦聃季為司空五叔無官豈尚年哉曹文之昭也晉武之穆也曹為伯甸非尚年也今將尚之是反先王也晉文公為踐土之盟衛成公不在夷叔其母弟也猶先蔡其載書云王曰晉重魯申衛武蔡甲午鄭捷齊潘

宋王臣莒期藏在周府可覆視也吾子欲復文武之略而不正其德將如之何萇弘說告劉子與范獻子謀之乃長衛侯於盟

前年記蔡昭侯如楚囊瓦求裘佩不得止之三年歸如晉以其子元與大夫之子為質而請伐楚故今為召陵之會而以劉子臨之則晉實請於王而行矣何以經書侵楚豈方謀伐楚哉夫謀者事未成也事已成則何謀之云且繼書盟于皋鼬是侵

春秋左傳讀

楚未得志恐諸侯有二心而復堅之今乃又謂荀寅求貨不得言于范獻子而辭蔡侯且會而不侵謂之謀而弗成辭蔡侯可矣既已言侵則安得謂之辭乎此傳見後獨書蔡以吳子與楚戰故云爾以理考之晉以荀寅之言辭蔡當為楚人圍蔡之事而誤以為召陵也　按踐土之會蔡侯實先衛侯今子魚記載書之序蔡甲午乃在衛武下其言自不同杜預謂蔡在衛上伯主以國大小為序祝

佗所言盟歃之次且盟歃之次即會之序也今試
佗所爭者位爾豈為歃乎若位先而歃後此乃踐
土之舊又何爭之有其附會强為之辭可見據蔡
衛入春秋未嘗同會惟見於踐土召陵其他以會
宋一見於會蔡公孫歸生亦在石惡上蓋以次定
之久矣故今經亦序蔡侯在衛侯上而傳言乃長
衛侯不自悟其相戾則此所載皆無有也

夏四月庚辰蔡公孫姓帥師滅沈以沈子嘉歸殺之

沈人不會于召陵晉人使蔡伐之夏蔡滅沈

沈本屬楚不會非晉之所得討若據傳晉辭蔡伐楚安得復使蔡伐沈此蓋蔡有怨於楚以諸侯但侵楚未得志故以沈為楚與國請於會而使公孫姓伐之不然蔡受命於晉獲沈子何以不歸晉而自殺之哉

六年春

二月公侵鄭公至自侵鄭

二月公侵鄭取匡為晉討鄭之伐胥靡也
後四月記周儋翩率王子朝之徒因鄭人將以作亂於周鄭於是乎伐馮滑胥靡負黍狐人闕外六月晉閻沒戍周且城胥靡則胥靡之役後此三月矣安得先討之乎杜預謂鄭伐周在魯伐鄭先為戍周起故同書是不然傳記王人殺子朝于楚在去年春若儋翩因此而亂晉欲救周豈踰年而後始城胥靡乎此公侵鄭未必為晉討也

夏季孫斯仲孫何忌如晉

夏季桓子如晉獻鄭俘也陽虎强使孟懿子往報夫人之幣晉人兼享之

俘戰獲也前但侵鄭而已安得有俘乎禮無鄰國通夫人之幣且自定公以來晉未嘗聘魯何幣之報乎審如傳言獻俘報幣自二事亦不得並書據後言孟孫立於房外謂范獻子曰陽虎若不能居魯而息肩於晉所不以爲中軍司馬者有如先君

與其上三事不類此蓋陽虎欲去季氏懼不克則奔晉假公命以二卿為使先為之約故言有如先君猶仲遂欲立宣公與叔孫得臣如齊亦二卿魯以二卿並聘唯此兩見爾何以知其假公命以先君為辭則非陽虎之言矣蓋是時國命已在陽虎雖季孟皆為之制虎雖謀季氏而未必知之亦幸其去魯故强為之行而孟懿子獨與之致意也

七年

春秋左傳讞

齊國夏帥師伐我西鄙

齊人歸鄆陽關陽虎居之以為政

齊自昭公二十五年書取鄆居公不克納二十八年公去而如晉之後不復與我同好故是歲國夏伐我西鄙何為而遽以鄆陽關歸我既歸則經亦何以不書乎杜預謂陽虎專之故不書夫歸而後專之自陽虎之罪方齊之始歸安得不見於經此蓋傳見昭二十九年書鄆潰而此後書歸鄆讙龜

陰田故妄謂鄆於此歸不知鄆讙齊初未嘗取也
不然陽關陽虎既居之矣何以明年伐季氏不勝
入于讙陽關以叛乎

八年

冬

從祀先公

陽虎欲去三桓以季寤更季氏以叔孫輒更叔孫氏
已更孟氏冬十月順祀先公而祈焉辛卯禘于僖公

春秋左傳讀

陽虎欲去三桓其謀必密不宜顯祈於先公文公躋僖公以先閔公魯人謂之逆祀則今順祀當正閔公於僖公之上不應反禘於僖公且閔公書言禘於莊公者莊公之喪未終無廟即几筵以禘故稱莊公今誠祀於僖公之廟亦安得稱僖公哉按此蓋陽虎欲去三桓請於公特為祭於太廟正閔僖之位以説魯人不書有事于太廟躋閔公者以見於義雖順而非公意故變文謂之從祀言祈言

禘言僖公者皆誤也

九年

夏

得寶玉大弓

夏陽虎歸寶玉大弓書曰得器用也凡獲器用曰得

得用焉曰獲

前言竊寶玉大弓則此自當言得得者對失之名

本不以寶玉大弓為義何辨於獲若必以器用言

得則取郜大鼎於宋何以反言取耶以得用為獲
則戰敗君生得曰獲大夫生死皆曰獲又何以別
乎

十年

夏公會齊侯于夾谷

夏公會齊侯于祝其實夾谷孔某相犂彌言於齊侯
曰孔某知礼而無勇若使萊人以兵劫魯侯必得志
焉齊侯從之孔丘以公退曰士兵之兩君合好而裔

夷之俘以兵亂之非齊君所以命諸侯也裔不謀夏
夷不亂華俘不干盟兵不偪好於神為不祥於德為
愆義於人為失禮君必不然齊侯聞之遽辟之將盟
齊人加於載書曰齊師出竟而不以甲車三百乘從
我者有如此盟孔丘使茲無還揖對曰而不反我汶
陽之田吾以共命者亦如之

夾谷之事穀梁家語皆載其初與傳略同而轉相
增飾其辭愈侈以吾觀之此非聖人之事不足為

孔子之美好事者爲之其實無有也何以知之齊自八年公兩侵之既以國夏伐我西鄙至是始與我平而爲好方陽虎奔請師以伐我齊侯將許之鮑文子諫曰魯未可取也上下猶和衆庶猶睦能事大國而無天災陽虎欲勤齊師齊師罷大臣必多死亡己於是乎奮其詐謀則齊之策魯審矣且不乘陽虎之亂假之以求得志何怨以一莘彌之言遽求刼我而幸於倉卒乎且雖謂孔子無勇魯

之兵尚彊縱得魯侯安能即求魯此理之必不然
者傳以謂孔子以公退曰士兵之齊既方以彊暴
相陵亦豈孔子能以一言而兵之穀梁以為孔子
歷階而上不盡一等而視歸乎齊侯此乃戰國刺
客所為孰謂聖人而為是此與太史公書曹沫事
相類沫劫齊小白反其侵地學者以傳考之固已
知其非實今又因緣沫事謂孔子求反汶陽之田
蓋為下書齊人來歸鄆讙龜陰之田故爾今經不

春秋左傳讀

書盟而傳以為盟可見其妄蓋自陽虎敗魯始用
孔子齊人知之遂求與我平而歸其侵地公羊曰
孔子行乎季孫而三月不違齊人為是來歸鄆讙
龜陰之田此言為近實凡左氏穀梁所載皆不足
據

叔孫州仇仲孫何忌帥師圍郈

秋叔孫州仇仲孫何忌帥師圍郈

武叔懿子圍郈弗克秋二子及齊師復圍郈弗克叔

孫謂郈工師駟赤曰郈非唯叔孫氏之憂社稷之患
也將若之何對曰臣之業在揚水卒章之四言矣叔
孫稽首駟赤謂侯犯曰居齊魯之際而無事必不可
矣子盍求事於齊以臨民不然將叛侯犯從之齊使
至駟赤與郈人為之宣言於郈中曰侯犯將以郈易
于齊齊人將遷郈民眾兇懼駟赤謂侯犯曰眾言異
矣子不如易於齊與其死也猶是郈也而得紓焉何
必此齊人欲以此偪魯必倍與子地且盍多舍甲於

春秋左傳讀

子之門以備不虞侯犯曰諾乃多舍甲焉侯犯請易
於齊齊有司觀郈將至駟赤使周走呼曰齊師至矣
郈人大駭介侯犯之門甲以圍侯犯駟赤將射之侯
犯止之曰謀免我侯犯請行許之駟赤先如宿侯犯
殿每出一門郈人閉之及郭門止之曰子以叔孫氏
之甲出有司若誅之羣臣懼死駟赤曰叔孫氏之甲
有物吾未敢以出犯謂駟赤曰子止而與之數駟赤
止而納魯人侯犯奔齊齊人乃致郈

經書孫叔州仇仲孫何忌圍郈齊師果在焉何以
不少見乎且是時齊方以孔子之故歸鄆讙龜陰
田必不納其叛人而易其地不得言齊人欲以此
偪魯侯犯以駟赤謀迫而出奔郈未嘗入齊不得
言齊人乃致郈凡經書侵書伐書圍皆不言勝敗
蓋服則止矣如內邑言圍棘圍費圍鄆之類是也
其言皆是非當以經為正

宋公之弟辰暨仲佗石彄出奔陳

春秋左傳詁

冬毋弟辰暨仲佗石彄出奔陳

經書宋公之弟辰蓋與書陳侯之弟招義同不專

謂毋弟也說已見前

十有二年

十有二月公圍成公至自圍成

仲由為季氏宰將墮三都於是叔孫氏墮郈季氏將

墮費公山不狃叔孫輒帥費人以襲魯公與三子入

于季氏之宮登武子之臺費人攻之弗克入及公側

仲尼命申句須樂頎下伐之費人北國人追之敗諸姑蔑二子奔齊遂墮費將墮成公斂處父謂孟孫墮成齊人必至於北門且成孟氏之保障也無成是無孟氏也子偽不知我將不墮冬十二月公圍成弗克

仲由季氏宰爾何與魯事而併得毀三都經書叔孫州仇帥師墮郈季孫斯仲孫何忌帥師墮費則非仲由審矣按家語孔子言于定公曰臣無藏甲大夫無百雉之城使仲由為季氏宰墮三都此蓋

春秋左傳讀

齊東野人之言欲歸美孔子而不知其義者使孔子欲正三家必有其道矣何至使仲由為之況墮而不服幾危其君而成又卒以叛雖妄人不為也此正所謂孔子行乎季孫三月不違者蓋侯犯叛郈公山不狃叛費家臣之疆反恃其邑而主不能制故因自墮之以去其險爾襲魯之事亦無有也

十有三年

秋晉趙鞅入于晉陽以叛

晉趙鞅謂邯鄲午曰歸我衛貢五百家吾舍諸晉陽午許諾歸告其父兄父兄皆曰不可衛是以爲邯鄲而寘諸晉陽絶衛之道也不如侵齊而謀之乃如之而歸之于晉陽趙孟怒召午而囚諸晉陽使其從者說劍而入涉賓不可乃使告邯鄲人曰吾私有討於午也二三子唯所欲立遂殺午趙稷涉賓以邯鄲叛夏六月上軍司馬籍秦圍邯鄲邯鄲午荀寅之甥也荀寅范吉射之姻也而相與睦故不與圍邯鄲將作

亂董安于聞之告趙孟曰先備諸趙孟曰晉國有命始禍者死為後可也安于曰與其害於民寧我獨死請以我說趙孟不可秋七月范氏中行氏伐趙氏之宫趙鞅奔晉陽晉人圍之范皐夷無寵於范吉射而欲為亂於范氏梁嬰父嬖於知文子文子欲以為卿韓簡子與中行文子相惡魏襄子亦與范昭子相惡故五子謀將逐荀寅而以梁嬰父代之逐范吉射而以范皐夷代之荀躒言於晉侯曰君命大臣始禍者

死載書在河今三臣始禍而獨逐鞅刑已不鈞矣請
皆逐之
晉陽趙鞅邑也董安于請備邯鄲鞅畏始禍不從
荀寅范吉射黨邯鄲午而伐鞅則始禍者非鞅不
得言三臣始禍鞅非始禍被伐而奔其邑則經不
當書趙鞅入于晉陽以叛凡傳之言皆與經背叛
者反其君之辭也鞅誠被伐而奔其邑晉人何為
圍之乎此蓋晉史為鞅之辭傳不能辨妄載之臧

武文仲以防求爲後于魯孔子曰雖曰不要君吾不信也推鞅以不勝荀寅范吉射奔其邑以叛要晉而逐二子故經與魚石入彭城欒盈入曲沃同辭公羊曰趙鞅取晉陽之甲以逐荀寅士吉射荀寅士吉射君側之惡人也此言失矣

十有四年

衛世子蒯聵出奔宋

衛侯爲夫人南子召宋朝會于洮太子蒯聵獻孟于

齊過宋野野人歌之曰既定爾婁豬盍歸吾艾豭太子羞之謂戲陽速曰從我而朝少君少君見我我顧乃殺之速曰諾乃朝夫人夫人見太子太子三顧速不進夫人見其色啼而走曰蒯聵將殺余公執其手以登臺太子奔宋

如傳所言蒯聵乃弑母者也經何以無貶文又以世子書乎冉求問子貢曰夫子為衛君乎子貢曰諾吾將問之入曰伯夷叔齊何人也曰古之賢人

也曰怨乎曰求仁而得仁又何怨出曰夫子不為也衛君謂輒也方蒯聵與輒爭國而孔子與之如此則蒯聵非弑母者也蒯聵宋出使果得罪于母而出則亦何為復奔宋乎此盖蒯聵聞宋人歌有欲正其母者夫人愧其言加之以罪而逐之戲陽速共成其誣而傳不能辨也

十有五年

秋七月壬申姒氏卒

秋七月壬申姒氏卒不稱夫人不赴且不祔也

姒氏定公之妾哀公之母也魯自成風以後妾母無不致之以為夫人者故特于成風一見譏而已姒氏若但為定公之妾不得成之為夫人則不書卒矣既書卒則哀公固已成之為夫人可知但當喪未致于廟故不得稱夫人何以知姒氏之為妾母也姒氏若嫡母則其葬自得有謚今無謚而繫定公之謚蓋不得為惠公仲子僖公成風故不得

春秋左傳讀

已而繫之定公爾傳乃以不赴不祔言之而杜預乃謂公未葬順于喪禮而不為以為臣子怠慢姒氏審嫡母則生固以夫人稱之矣豈死反以不赴不祔而不稱乎赴與祔其礼不順于葬豈魯之臣子能葬而不能赴且祔非人情也此蓋不悟其為妾母而妄意之爾

九月

丁巳葬我君定公雨不克葬戊午日下昃乃克葬辛巳

葬定姒

葬定姒不稱小君不成喪也

不稱夫人則自稱小君非不成喪也

冬城漆

冬城漆書不時告也

傳凡以冬城者皆曰書時也今不言時而獨以不時告言之于經與傳皆無見不知其何據漆邾庶其之邑也此蓋謂納叛人之地又從而城之故雖

春秋左傳讞

時亦讖爾

春秋左傳讞卷九

春秋左傳讞

卷十

宋　葉夢得　撰

哀公

二年

冬

十有一月蔡遷于州來

蔡殺其大夫公子駟

春秋左傳讀

吳洩庸如蔡納聘而稍納師師畢入衆知之蔡侯告
大夫殺公子駟以說哭而遷墓冬蔡遷于州來
經書遷州來在殺公子駟之上則駟之死未必以
謝吳不時遷也或者吳欲襲蔡為其先知故以緩
遷為辭吳欲討之蔡不得已雖遷猶未釋憾故殺
駟以說而傳書之失其序歟

七年

夏公會吳于鄫

夏公會吳于鄫吳來徵百牢子服景伯對曰先王未之有也吳人曰宋百牢我魯不可以後宋且魯牢晉大夫過十吳王百牢不亦可乎景伯曰晉范鞅貪而棄禮以大國懼敝邑故敝邑十一牢之君若以禮命于諸侯則有數矣若亦棄禮則有淫者矣周之王也制禮上物不過十二以為天之大數也今棄周禮而曰必百牢亦唯執事吳人弗聽景伯曰吳將亡矣棄天而背本不與必棄疾于我乃與之太宰嚭召季康

子康子使子貢辭太宰嚭曰國君道長而大夫不出門此何禮也對曰豈以為禮畏大國也大國不以禮命于諸侯茍不以禮豈可量也寡君既共命焉其老豈敢棄其國大伯端委以治周禮仲雍嗣之斷髮文身臝以為飾豈禮也哉有由然也反自鄫以吴為無能為也

經書公會吴于鄫不書盟則安得有盟杜預謂吴行夷禮非所以結信故不録然則盟不足録會亦不足録矣

秋公伐邾八月己酉入邾以邾子益來

季康子欲伐邾乃饗大夫以謀之子服景伯曰小所以事大信也大所以保小仁也背大國不信伐小國不仁民保於城城保于德失二德者危將焉保孟孫曰二三子以為何如惡賢而逆之對曰禹合諸侯于塗山執玉帛者萬國今其存者無數十焉惟大不字小小不事大也知必危何故不言魯德如邾而以衆加之可乎不樂而出秋伐邾及范門猶聞鐘聲大夫

春秋左傳讀

諫不聽茅成子請告于吴不許曰魯擊柝聞于邾吴二千里不三月不至何及于我且國内豈不足成子以茅叛師遂入邾處其公宮衆師晝掠邾衆保于繹師宵掠以邾子益來獻于亳社囚諸負瑕負瑕故有繹邾茅夷鴻以束帛乘韋自請救于吴曰魯弱晉而遠吴馮恃其衆而背君之盟辟君之執事以陵我小國邾非敢自愛也懼君威之不立君威之不立小國之憂也若夏盟于鄫衍秋而背之成求而不違四方

諸侯其何以事君且魯賦八百乘君之貳也邾賦六百乘君之私也以私奉貳唯君圖之吳子從之

魯賦八百乘杜預以為賦于吳者齊吳皆彊國更與魯為敵者也傳記夾國之盟言齊師出竟不以甲車三百乘從我者有如此盟則雖齊之彊如其所欲因用兵而會之不過三百乘而已何吳而無故常以八百乘貢之乎況是時土地之入皆專於三家魯賦之存者無幾必不常貢吳若是其多也

邾亦未聞其屬者晉亦不得謂之君之私按明年吳
伐我本無功邾子益歸自以齊人則此言蓋非實
也

八年春王正月宋公入曹以曹伯陽歸

八年春宋公伐曹將還褚師子肥殿曹人詬之不行
師待之公聞之怒命反之遂滅曹執曹伯及司城彊
以歸殺之

經書宋公入曹而已其曰以曹伯陽歸與以蔡侯

獻舞歸同辭固非滅也審如傳言宋公不堪曹人之詬怒而反滅之則當書滅何以書入乎杜預强為之辭以為宋滅曹非本意故以入告此尤非是據傳見向魋入于曹以叛在獲麟之後則曹誠滅而為宋所有久矣太史公為曹世家亦以曹滅於宋在哀公之八年其不書滅蓋春秋之義左氏雖得其事而不知其義杜預妄為之義而反亂其事二者均失也

春秋左傳讀

吴伐我

吴爲邾故將伐魯問於叔孫輒叔孫輒對曰魯有名
而無情伐之必得志焉退而告公山不狃公山不狃
曰非禮也君子違不適讎國未臣而有伐之奔命焉
死之可也所託也則隱且夫人之行也不以所惡廢
鄉今子以小惡而欲覆宗國不亦難乎若使子率子
必辭王將使我子張病之王問於子洩對曰魯雖無
與立必有與斃諸侯將救之未可以得志焉晉與齊

楚輔之是四鄰也夫魯齊晉之脣脣亡齒寒君所知也不救何為三月吳伐我子洩率故道險從武城初武城人或有因於吳竟田焉拘鄫人之漚菅者曰何故使我水滋及吳師至拘者道之以伐武城克之王犯嘗為之宰澹臺子羽之父好焉國人懼懿子謂景伯若之何對曰吳師來斯與之戰何患焉且召之而至又何求焉吳師克東陽而進舍於五梧明日舍於蠶室公賓庚公甲叔子與戰於夷獲叔子與析朱鉏獻

春秋不傳讀

於王王曰此同車必使能國未可望也明日舍於庚
宗遂次于泗上微虎欲宵攻王舍私屬徒七百人三
踊于幕庭卒三百人有若與焉及稷門之內或問（謂）季
孫曰不足以害吳而多殺國士不如已也乃止之吳
子聞之一夕三遷吳人行成將盟景伯曰楚人圍宋
易子而食析骸而爨猶無城下之盟我未及虧而有
城下之盟是棄國也吳輕而遠不能（久）將歸矣請少待
之弗從景伯負載造于萊門乃請釋子服何於吳吳

人許之以王子姑曹當之而後止吳人盟而還
經不書盟杜預謂恥吳夷其妄與前鄫同叔孫輒
公山不狃奔在齊吳安得問之又使之率而從武
城且吳既克東陽五梧蠶室三邑又獲叔子與析
朱鉏二臣遂次泗上則其勢與入郢何異本以邾
故出師既勝卒無一言及邾反以微虎私徒三百
人懼而行成遂盟本末皆不倫且吳千里以師入
人之竟微虎乃欲以其私卒直攻王舍吳子遂為

春秋左傳讞

之一夕三遷此理之必不然者有若孔門高弟而在私卒之列亦不應有是也傳前記公山不狃與叔孫輒率費人襲魯入及公側其在國中猶然何為在他國反知不伐宗國之義而欲死之子思對穆公以今之君子不為舊君反服毋為戎首已謂之善如傳所言則不狃為賢於子思矣而吴卒克武城不狃未之救死其言亦何所取證也

歸邾子益于邾

齊侯使如吳請師將以伐我乃歸邾子

　前書以季姬之故而伐我矣今欲歸邾子再伐我矣何待於請吳師乎吳前取我三邑獲三臣而不能歸邾子今我乃以懼齊請師而歸之亦非其情此蓋傳猶欲附會前茅夷鴻之言而彊以吳言也

秋及齊平九月臧賓如如齊涖盟齊閭丘明來涖盟且逆季姬以歸嬖

　前言齊侯即位逆季姬季魴侯通焉女言其情齊

春秋左傳讀

侯怒以五月伐我取讙闡六月我及齊平審實有此伐與平安得皆不書乎九月齊閭丘明來盟逆季姬以歸又從而嬖之且國君娶夫人亦重矣天下何患乎無妻季姬果言其情康子以告而謝罪則魯可已矣徒伐取其邑則安用乎設欲不以禮合而終娶之亦惟齊侯之所為何與於魯而反與我盟乎其言反覆皆無據以經考之先書公伐邾繼書齊人取讙及闡繼書歸邾子益于邾末歸書

讙及闡其序甚明蓋邾齊出既為我所執故為之取讙闡以求歸邾子邾子反國故復以讙闡歸公羊穀梁為近實皆無與季姬事也

十年春

公會吳伐齊

三月戊戌齊侯陽生卒

葬齊悼公

公會吳子邾子郯子伐齊南鄙師于鄎齊人弒悼公

春秋左傳讞

赴于師

經書齊侯陽生卒又書葬齊悼公而傳言弑其妄與鄭髡頑同杜預以為以疾赴吾固言之矣邾子郯子會伐而經不書杜預以為并屬吳不列於諸侯尤非是且是時邾隱公方奔在齊豈能從吳反伐齊乎其妄尤可見則此敘齊吳事皆不足據

十有一年春齊國書帥師伐我

公為與其嬖僮汪錡乘皆死皆殯孔子曰能執干戈

以衛社稷可無殤也

檀弓載戰于郎公叔禺人與其鄰童汪錡往皆死焉以其童子而能為國致死魯人欲以成人喪之而不以為殤故孔子因與之今傳乃以鄰童為嬖僮又謂之乘而皆死則汪錡非能死敵者也乃公為之嬖宜與之乘公為死亦死爾又何執干戈以衛社稷云乎杜預謂時人疑童子當殤而孔子之言云爾其意適相反盖未嘗以檀弓考之也可以

見左氏記事不詳其實妄以其辭增損所傳而失之者類如此

孔文子之將攻太叔也訪於仲尼仲尼曰胡簋之事則嘗學之矣甲兵之事未之聞也退命駕而行曰鳥則擇木木豈能擇鳥文子遽止之曰圉豈敢度其私訪衛國之難也將止魯人以幣召之乃歸

按論語此對衛靈公問陳之言亦傳之誤也論語曰明日遂行在陳絕糧蓋孔子自衛之陳之時今

魯人以幣召之乃歸亦非是孔子歸魯自是止矣蓋進退之大者其定之固已久豈以一孔文子為之哉

十有二年

夏五月甲辰孟子卒

夏五月昭夫人孟子卒昭公娶於吳故不書姓死不赴故不稱夫人不反哭故不言葬小君孔子與弔適季氏季氏不絻放絰而拜

春秋左傳讀

按論語陳司敗言君取於吳為同姓謂之吳孟子既曰娶則固已為夫人矣特以同姓諱之不敢曰夫人姬氏故曰吳孟子爾至春秋又去吳不稱故坊記曰魯春秋去夫人之姓曰吳其死曰孟子卒則自不得以夫人稱矣不以夫人稱則自不得言葬我小君矣豈在不赴不反哭乎母喪服齊衰三月舊君者仕焉而亡者也蓋謂老與廢疾而致仕者使魯不以為夫人則不得為君之妻不為君之

妻則孔子何弔云且魯方畏吳娶其女而不以為
妻吳能已矣乎此傳蔽其例之誤也

十有三年

夏

公會晉侯及吳子于黃池

於越入吳

夏公會單平公晉定公吳夫差于黃池六月丙子越
子伐吳為二隧疇無餘謳陽自南方先及郊吳大子

春秋左傳讀

友王子地王孫彌庸壽於姚自泓上觀之彌庸見姑蔑之旗曰吾父之旗也不可以見讎而弗殺也大子曰戰而不克將亡國請待之彌庸不可屬徒五千王子地助之乙酉戰彌庸獲疇無餘地獲謳陽越子至王子地守丙戌復戰大敗吳師獲大子友王孫彌庸壽於姚丁亥入吳吳人告敗于王王惡其聞也自剄七人於幕下秋七月辛丑盟吳晉爭先吳人曰於周室我為長晉人曰於姬姓我為伯趙鞅呼司馬寅曰

日旰矣大事未成二臣之罪也建鼓整列二臣死之長幼必可知也對曰請姑視之反曰肉食者無墨今吳王有墨國勝乎大子死乎且夷德輕不忍久請少待之乃先晉人吳人將以公見晉侯子服景伯對使者曰王合諸侯則伯帥侯牧以見于王伯合諸侯則侯帥子男以見於伯自王以下朝聘玉帛不同故敝邑之職貢於吳有豐於晉無不及焉以為伯也今諸侯會而君將以寡君見晉君則晉成為伯矣敝邑將

改職貢魯賦于吳八百乘若爲子男則將半邾以屬于吳而如邾以事晉且執事以伯召諸侯而以侯終之何利之有焉吳人乃止

經書會不書盟單平公若在焉則亦當見經所謂諸侯者無有也杜預謂諸侯恥盟故不錄且吳晉爭而吳先固可以爲恥今卒先晉人又何恥乎晉先則吳固已伯晉矣何待卒會以見而後成其爲伯乎其言皆相戾今經既不書盟則此言皆非實

春秋左傳讞　卷十　击

戊午十二月十一日校畢

春秋左傳讞卷十